ワンコイン心理術

500円で人のこころをつかむ心理学

メンタリストDaiGo

PHP文庫

○本表紙図柄＝ロゼッタ・ストーン（大英博物館蔵）
○本表紙デザイン＋紋章＝上田晃郷

はじめに

「国内の人口減少」「少子高齢化」「グローバル化」「情報化社会」など、私たちが生活している環境は、すごいスピードで変化し続けています。

そうした状況で感じるのが、人とのコミュニケーションの取り方、人間関係のつくり方が難しくなっている、ということです。

その原因の一つに、世の中の変化と相まって、私たちの「働き方」や「生き方」が多様化し、背景や価値観が違う人が増えていることがあると思います。

以前であれば、自分の所属するコミュニティには同じような考え方の人が自然と集まっていました。ところが現在は、たとえば同じ会社や住んでいるマンション、学校であっても、様々な背景を持っている人が働いたり、生活していたりするので、なんとなく察する、ということができなくなっているのです。「暗黙の了解」といったコミュニケーションも通用しなくなっているのではないでしょうか。

はじめまして、メンタリストのＤａｉＧｏです。

仕事がら、人間関係で悩んでいる、雑談術や話し方をアップさせたい、そんなコミュニケーションの相談を受けます。

私は、そんな人にこそメンタリズムを活用してもらいたい、と思っています。

「なぜメンタリズム？」と思われた人もいるでしょう。

たぶんメンタリズムについて、「相手がどんな絵を描くかを当てる」「３つのカラーボールから、どの色を選ぶかを当てる」もしくは「フォークを曲げる」というイメージを持っているのではないでしょうか？


そもそもメンタリズムは、行動や言動から相手の心理を読み、自由自在に相手を誘導する技術のことです。

技術なので、もちろん誰でも実践することが可能です。そのために特別な資格やモノは必要ありません。

またメンタリズムは、心理学と密接に関係しているので、相手の求めていることを察したり、良い人間関係を築くことにも役立ちます。

たしかに、相手の心を読むとか、人を操るというと、「洗脳する」「支配下に置く」「自由を奪う」など、マイナスのイメージを抱く人も多いかもしれません。

ですが、安心してください。本書で紹介しているのは、相手の心を読み、「快適な人間関係」や「相手との信頼関係」を築くために役立つテクニックです。

より快適な人間関係をつくりたい、気持ちのいい人と付き合いたい、と思ったら、この本は、どこからでも読めるつくりにしてあるので、まずは、気になった項目を読んで、その効果を試してみてください。

メンタリスト　ＤａｉＧｏ

ワンコイン心理術◆目次

第1章 人の心理を読み、コミュニケーションを制する

第2章 異性の心をわしづかみにする心理戦略

第3章 どんな状況にも動じない自分に変わる

第4章 思い通りに人を動かし、結果を出す

編集協力 長谷川 敦

第1章　人の心理を読み、コミュニケーションを制する

01 頼みにくいお願いでも カンタンにＹＥＳを引き出す方法

最初にハードルの高いお願いをする

何かお願いごとをするときに、相手からＹＥＳを引き出せる可能性が確実に高まる心理テクニックがあります。「ドア・イン・ザ・フェイステクニック」という手法です。

このテクニックでは、まずハードルの高いお願いを相手にします。相手が断ってきたときに、すかさず、もう少し簡単なお願いをすると、ＯＫをもらえる確率が高くなるというものです。

たとえば、あなたが同僚に、企画書の作成を手伝ってほしいとします。「せめて企画書の冒頭の『市場背景』のパートだけでも、分担してもらえないかな？」とあなたは考えています。しかし同僚も忙しいですから、そのまま素直に頼むと、断られてしまう可能性が大です。

そこで逆にあえて、「今度A社に提出する企画書なんだけど、半分書いてくれないかな」というふうに、もっと無理めなお願いをしてみるのです。同僚からはおそらく、「ごめん。それはできない」という答えが返ってくるでしょう。そこであなたは「じゃあ、『市場背景』の部分だけでも書いてもらえないかな」と、条件を下げて再度頼みます。すると「それならいいよ」という返事をしてくれる確率が高くなるのです。

つまり、最初から「市場背景」のパートを書いてほしいとお願いすると断られていたかもしれないものが、もっと無理めなお願いをしたあとにそのお願いをすると、受けてもらえる可能性が高くなるのです。

これは実際に心理学の実験でも、裏づけがとれています。

心理学者のチャルディーニは、ある大学生のグループに対して、「非行少年を動物園に連れて行きたいんだけど、二時間ほど引率のボランティアをしてくれないかな？」と頼みました。するとOKと言ってくれた学生は、たった一七パーセントしかいませんでした。

次にチャルディーニは、別の大学生のグループに、「毎週二時間、二年間にわたって非行少年のカウンセリングをしてくれないかな?」と、よりハードルの高いお願いをしました。しかし、そんな負担の大きな依頼にOKをしてくれる学生は皆無でした。そこで次に、「だったら二時間でいいから、非行少年を動物園に連れて行くボランティアをしてくれないかな?」と、先ほどと同じお願いをしてみました。すると何と五〇パーセントの学生がOKしてくれたのです。

つまり、ドア・イン・ザ・フェイステクニックを使ったことで、承諾率は一七パーセントから五〇パーセントに跳ね上がったわけです。

ちなみに、ドア・イン・ザ・フェイステクニックという用語は、訪問販売のセールスマンが、玄関先でお客さんと対面しながら、よくこの手法を用いて商品を売ろうとすることに由来しています。

「譲歩を引き出せた」と、交渉相手に思わせることが大事

ではなぜ、最初にちょっとハードルの高いお願いをしたあとに、条件を下げたお願

いをすると、OKをしてもらえる確率が高まるのでしょうか。

それは頼まれた立場としては、「自分は交渉事において、相手から譲歩を引き出せた」という感覚が持てるからです。

たとえば、あなたが家電量販店で店員と交渉しているとします。最初に「一〇万円で」と言われて首を横に振ったところ、「じゃあ、七万円で」と言われたら、「何だかすごく相手を譲歩させることができた。店員との交渉に勝てた」という感じがしませんか。あなたは喜んで七万円で商品を購入することでしょう。

けれどもむしろ喜んでいるのは、店員のほうかもしれません。あなたはまんまと店員が仕掛けたドア・イン・ザ・フェイステクニックのトラップに引っかかったわけですから。このテクニックは、店員とあなたの関係で言えば、本当は店員のほうが交渉に勝っているのに、自分のほうが交渉に勝ったと錯覚させる効果があるのです。

人は交渉事に勝ったと思うと、そこで約束したことをしっかりと守ろうとする意識も働きます。

先ほどのボランティアの例で言えば、その場ではボランティアをすることをOKしたとしても、実際には当日になってドタキャンする人が中には出てくるものです。ところがドア・イン・ザ・フェイステクニックによって、一度ハードルの高い条件を断ったうえでそのボランティアを引き受けた人は、当日になってドタキャンする人の割合ががくんと落ちることが、やはり実験によって明らかになっています。

誰だって断れずにイヤイヤ受けた用件は、気が進まないものです。しかし、ドア・イン・ザ・フェイステクニックのトラップにはまった人は、「交渉事において、相手から譲歩を引き出せた。こちらに有利な条件で妥結できた。自分はイヤイヤこの用事を受けたわけではなく、進んでその条件を引き受けたんだ」と思い込みます。だから約束を積極的に果たそうとするわけです。そして次に同じお願いをしたときにも、引き受けてくれる確率が高くなります。

最初のお願いは、あくまでも「ちょっと無理め」なものにする

ドア・イン・ザ・フェイステクニックを使うときにはコツがあります。最初に高い条件を提示するときには、絶対にOKしてくれない非現実的な条件ではなく、あくまでも「ちょっとだけハードルが高い」条件を提示することです。

自分自身が「これは絶対に無理だろう」と思っている条件を提示して、相手に断られたとしても、「まあ、そうだろうな」という思いを抱くだけです。すると、その「断られたのに、まったくがっかりしていない感じ」が相手に伝わり、「こいつは吹っかけてきているな」と気づかれます。がっかりしているように演技をすることもできますが、勘がいい相手であれば見破ってしまうでしょう。

一方、ちょっとだけ無理めなお願いをすれば、「もしかしたら、この条件でもOKしてくれるかもしれない」という願望がこちら側に生まれます。すると断られたときにも、演技ではなく本気でがっかりすることができます。

その「本気のがっかり感」が相手に伝わり、次に低い条件を提示したときに「譲歩を引き出した」という感覚を、よりリアルに相手に感じさせることができるのです。

また、ちょっと無理めぐらいのお願いであれば、もしかしたらその条件で相手がOKしてくれるかもしれません。そのときは儲《もう》けものになります。

ですから、ドア・イン・ザ・フェイステクニックでは、最初にハードルの高いお願いをするときの「条件のレベル」をどのあたりに設定するかが、とても大きなポイントになります。

02 声のトーンや大きさで自分の思う方向に相手を誘導する

同じ文面でも、強調の仕方で相手の受け取り方が変わる

目の前の人に暗示をかけることで、相手の関心をこちらの望ましい方向に誘導する手法の一つに「マーキング」があります。

たとえば、私がセミナーの講師を務めていて、「今日はみなさんに、おもしろいほど人の心が操れる七つの方法についてお話しします」と言ったとします。

このとき、私が「おもしろいほど」のところで声を大きくしたりトーンを上げたりして話すのと、「七つの方法について」のところで声やトーンを上げるのとでは、相手に与える印象は大きく変わります。

前者の場合、相手は「おもしろいぐらいに人の心を操れる方法を教えてくれるんだな」と受け取りますし、後者だと「七つも人の心を操れる方法を教えてくれるんだ」

というふうに受け取ります。

文面にすると同じでも、どの部分を強調するかによって、相手に伝えるメッセージを変えることができるわけです。

逆にもし、私が声の大きさやトーンを変えずに、平板な口調で「今日はみなさんに、おもしろいほど人の心が操れる七つの方法についてお話しします」と話したとしたら、相手には私が言っていることが全体的に何となくは伝わるでしょうが、インパクトに欠けたものになるでしょう。

ですから人前で話すときには、相手に印象づけたいキーワードだけは、声の大きさやトーンを変えることが大切になるわけです。

マーキングには、声の大きさやトーンのほかに、話す速度や間などもあります。たとえば全体的には早口で話していたとしても、こちらが伝えたいキーワードに差しかかったときに、わざとその言葉をゆっくりと話せば、全体のなかでも特にそのキーワードを相手に印象づけることができます。話のスピードに緩急をつけることがポイントになるわけです。

私がよく使うのは、キーワードを発する前に難しい専門用語をいくつか入れ、その専門用語の部分については早口で喋《しゃべ》ることです。

するとと相手は私の話についてくるだけで精いっぱいになります。そして「もう限界かな」というぎりぎりのところで、わかりやすいキーワードをゆっくりとした口調で話すことで、そのキーワードを相手の心に刻みつけるわけです。

また「サイレントフォーカス」といって、大事なことを言う前に数秒間沈黙する「間」も、相手に強い印象を与えます。

「今日みなさんにお話ししたいのは……」と発言したあとに数秒沈黙すれば、みんな「いったい何を喋るのだろう？」と私に注目します。そのぶん次に発する言葉が、相手の記憶に残りやすいものになります。

このサイレントフォーカスが抜群にうまかったのがヒトラーでした。ヒトラーの演説文を読むと、文章自体はさほどうまくはありません。しかし、言葉の発し方が卓越していたからこそ、あれだけ大衆を扇動《せんどう》することができたのです。

プレゼンやスピーチのときに、失敗をしないように、あらかじめ用意した原稿を一生懸命覚えたうえで本番に臨《のぞ》む人も多いと思います。けれども、一字一句間違いがないよう喋ることに気をとられていると、声の大きさやトーン、スピードや間がどうしても平板なものになってしまいます。

プレゼンやスピーチで大事なのは、文法的に正しい日本語を使うことではありません。自分が伝えたいメッセージやキーワードを、確実に相手の心に刻みつけることのほうにエネルギーを注ぐべきです。

マーキングによって、こちらの思い通りのボールを相手に取らせる

私はメンタリストとして「三色のカラーボールのなかから、こちらの思い通りのボールを相手に取らせる」といったパフォーマンスをするときにも、マーキングのテクニックを組み込んでいます。

たとえば相手に赤いボールを取らせたいとします。このパフォーマンスでは、ボールを選択してもらう前に、私のほうからいろいろと相手に語りかけたり質問をしたりするのですが、このときに赤を暗示させる単語（りんご、太陽など）については、ちょっとだけイントネーションを変えることで、相手の無意識のなかに「赤色」というイメージを埋め込んでいくわけです。すると相手が赤を選ぶ確率が、確実に高まりま

す。

これをみなさんが「今日こそは契約を勝ちとりたい」という商談やプレゼンの場面などに応用するならば、「選ぶ」「買う」「決める」といった単語を発するときに、少し強めに言ったり、トーンを高めたり、サイレントフォーカスを使ったりするといいでしょう。

選ぶ気や買う気がないまま商談やプレゼンに臨んでいた相手の無意識に、「選ぶこと」「買うこと」「決めること」を刷り込んでいくのです。

03 相手の関心を引きつけるためには「はじめは早口」「最後はゆっくり」で話す

状況に応じて話すスピードを変える

多くの人は、「自分の主張を相手に受け入れてもらうためには、ゆっくりとわかりやすく話すことが大事」と考えていると思います。しかし、これは大いなる誤解。ゆっくりとわかりやすく話したからといって、相手から「なるほど、あなたの言う通りだ」と言ってもらえる確率が高まるとは限りません。

相手が初対面で、こちらのことをあまり信用していない様子であるときは特にそうです。「相手が初対面で、信用されていない場面」といえば、何といっても多いのは商談でしょう。「変な商品を押し売りされたらイヤだな」という警戒心すら抱かれているものです。

お客さんは隙あらばこちらを否定したいと思っていますから、そんななかでゆっくりとわかりやすく話すことは、反論のネタを見つける機会を相手に与えることになります。

だから「初対面で、信用が得られていない人」を相手に話すときには、むしろたくさんの情報を、専門用語を盛り込みながら早口で話すほうが効果的。こちらが言っている言葉の意味を、ぎりぎり相手が聞き取れるぐらいのスピードに設定します。相手はこちらの話を理解するので精いっぱいになり、反論を考える余裕がなくなります。また早口で話すことで「頭の回転が速そうだな」「たくさんの情報を持っていそうだな」という印象を相手に与えます。するとこちらの話を理解しようと、相手も聞く姿勢になってくれます。

具体的には、最初のうちは腕組みをしていたのが、やがて腕組みを解いて前のめりの姿勢になってこちらの話を聞き始めたり、うなずく回数が増えたり、着ていたジャケットを脱いだりしたときなどは、聞く姿勢になってくれているサインです。逆に腕組みは、こちらの言葉をブロックしようとしているサインです。

相手が聞く姿勢になってくれたら、今度は相手に深く理解や納得をしてもらうために、話すスピードを少しずつ緩めながら、わかりやすく話すことを心がけるようにします。相手の聞く姿勢に合わせて、話すスピードに緩急をつけることが大切なのです。

わざと挑発してでも相手の感情を揺さぶる

ではいくら早口で話しても、相手がなかなか聞く姿勢になってくれないときはどうすればいいのでしょうか。

このときのポイントは、相手の感情を揺さぶることです。これはやや高等テクニックですが、もしプラスに揺さぶれないときには、マイナスに揺さぶっても構いません。「この問題については、重要性がわかっていないお客さまが多いんですよね」といったふうに、わざと相手を挑発するようなひと言を言うのです。こんなことを言われたら誰でもカチンときます。

すると、どうなるか。相手は、あらを探そうとしたり、反論をしようとしたりして話を聞き始めるのです。

これは私自身もよく使っているテクニックです。

ある会社で、マーケティングをテーマにした研修の講師を務めたときのことです。受講者の態度から「今さらマーケティングの勉強なんかしなくたって、自分は十分にわかっている。研修なんてめんどうくさい」と思っていることが、ありありと伝わってきました。

そこで私は、マーケティングの分野で必読書とされている書籍を何冊か挙げて、「これを読んだことがある人はいますか?」と質問してみました。案の定、手は挙がりません。みなさん日々の仕事のなかでマーケティングに近いようなことはしているのでしょうけれど、基礎から体系的に勉強をしている人は一人もいなかったのです。「今、私が挙げた本は、マーケティングを学ぶための基本的なものばかりです。これらの本を読んでいないのに、もしみなさんが『自分はマーケティングのことがわかっている』と思っているとしたら、それは恥ずかしいことだと思いますよ」と、私は思いっきり受講者を挑発しました。するとその言葉で、彼らの態度が一変しました。私の話に真剣に耳を傾けるようになったのです。そうなれば、もうこちらのものです。私は自分のペースで研修を進めることができました。

もちろん怒らせたぶん、あとでフォローが必要になります。私もその研修のときには、終わり際になって「今日は研修の冒頭で、みなさんに対して失礼な発言をして申し訳ありませんでした。でもあえて『なんだこいつは、生意気だな』と思わせることで、みなさんを本気にさせたかったのです」というふうに、理由を話したうえで受講者に謝罪をしました。

こんなふうに相手を無関心なままで放っておくぐらいならば、たとえ怒らせてでも、こちらに関心を向けさせたほうがいいのです。感情を揺さぶることで、「こちらの話を聞いてもらう」という土俵に相手を上げることが可能になります。

よく「クレーマーほど、うまく対応するとお得意さまになってくれる」と言います。お得意さまは、こちらが提供する商品やサービスにプラスの意味で関心を持っていますが、クレーマーはマイナスの意味で強い関心を抱いています。だからそのマイナスの感情をうまくプラスに転化できれば、クレーマーだった人がお得意さまになってくれる可能性があるわけです。

しかしプラスの感情もマイナスの感情もない人は、クレームも言わない代わりに、商品を買ってくれることもありません。だからそういう人に対しては、マイナスの方向でもいいので、とにかくまずは感情を揺さぶる必要があるのです。

04 企画や提案を通したいなら朝イチと午後イチを狙え！

決断力は、疲れてくると極端に低下する

企画や提案について、上司や取引先からＯＫをもらいたいときには、朝イチか午後イチにアポイントをとるのがオススメです。

心理学者のジョナサン・レバブとシャイ・ダンジガーは、イスラエルの刑務所の仮釈放決定について調べました。

その調査結果によると、刑務所の仮釈放審査委員会は、朝の早い時間帯には約七〇パーセントの割合で仮釈放を認めていたのに対し、時間が進むとともに許可率が落ちていき、昼休み直前には約一五パーセントにまで低下していました。ところが昼食を挟んで、午後イチの時間帯には再び許可率は七〇パーセントにまで上昇。しかし、時間の経過とともに許可率はまた下がっていき、午後の遅い時間帯には一〇パーセント未満になっていたといいます。

つまり、人は元気なとき（朝イチや午後イチ）には自信を持って決断を下すことができますが、疲れているとき（お昼前や夕方）には極端に決断力が低下し、決断を先送りする傾向があることが明らかになったのです。

刑務所にとって受刑者の仮釈放を認めるかどうかは、非常に難しい決断です。もし仮釈放中に新たな事件を起こされたら大問題になります。そのため、仮釈放審査委員会のメンバーは、お昼前や夕方になって疲労が蓄積してくると、「とりあえず今回は判断を保留にして、また次の機会に考えよう」という意識が、自分たちも知らず知らずのうちに働いていたことが予想されます。

食事を一緒にしているときは、提案を受け入れてもらいやすい

ちなみに、午後イチの時間帯に仮釈放の許可率が上昇したのは、昼休みをとることで疲労が回復したことも大きいでしょうが、血糖値との関係も大きいと私は考えています。

私たちは、食後三〇分から一時間ぐらい経ったときにもっとも血糖値が上がり、その後下がり始めます。血糖値とは、血液中のグルコース（ブドウ糖）の濃度のことをいいます。

人は血糖値が上がっている間は、「ウィルパワー（意志力）」といって、理性的に物事を考え、判断や決断を下していこうとする力が高まります。しかし、血糖値が下がり始めると、ウィルパワーも一緒に下がり始めます。これは、脳が活動するためにはグルコースが不可欠となるため、血糖値の低下とともに、なるべく脳を使わないようにすることでグルコースの消費を節約しようとするからです。

ここで注意しておきたいのは、人は血糖値が高いときにウィルパワーが高まるのではなく、あくまでも上昇し続けている状態のときに高まるということです。ですからもし午後の時間帯にＹＥＳをもらいたいのなら、血糖値が上昇中の食後三〇分から一時間を狙うのがいいわけです。

もし「どうしても自分の提案を通したい」という案件がある場合、オススメは昼ご飯を一緒に食べながら打ち合わせをすることです。食事を共にすることで「ランチョンテクニック」の効果も加わるからです。これはおいしいご飯を食べていると、ご飯に対してだけではなく、同席している相手が話すことにも、肯定的な気持ちを抱きやすくなるというものです。

ですからお昼ご飯を食べながら、ランチョンテクニックによってこちらの意見に賛成してもらい、食後にコーヒーでも飲みながら、ウィルパワーによって決断を下してもらうのがいちばんいいわけです。

さらにつけ加えるならば、一緒に昼ご飯を食べるのが晴れた日であれば言うことなしです。人は雨の日よりも晴れた日のほうが、説得されやすいというデータがあるからです。理由は諸説ありますが、晴れた日には精神を安定させ意欲を高める働きを持つ神経伝達物質のセロトニンが、脳内に多く分泌されるからということが考えられます。

相手を説得したいときには、天気のいい朝イチと午後イチを狙ってください。

05 相手の選択をこっそり操るすごテク

本命案の劣化版を作ると、本命を選んでもらいやすくなる

上司や取引先に提案をするときに、A案、B案、C案の三案を用意したけれども、A案が本命だったとします。こんなとき上司や取引先の意識を、A案に向かわせるために役立つテクニックがあります。

まず知っておいてほしいのは、人は物事を選択するときには、何か比較できるものがあるほうが選びやすくなるということです。

ところが、こちらが三案を提示するときに、特徴がまったく異なる案を出してしまうと、相手は案の比較ができなくなります。すると自分の好みで、「何となくいいな」と感じた案を選ぶことになるのです。

これでは相手を、A案に誘導させることはできません。

そこでA案を選ばせたいときに大切になるのが、A案の劣化版を作ることです。雰囲気はA案に似ているけれども、明らかに完成度はA案に劣る案（A′案と名付けます）を作って示すのです。

「A案、A′案、B案」と並べられると、人は比較が簡単なA案とA′案を比べて、「これはA案のほうがいいな」という判断を下します。

一方B案は、比較できる案がないので選択肢から外されます。そしておもしろいことに、「A案、B案、C案」で提示したときにはB案を選ぶような人でも、「A案、A′案、B案」で提示されると、A案を選ぶようになるのです。

これは女性の顔写真を使った実験で実証されています。実験では、最初、AさんからEさんまでの五人の顔写真を被験者に見せて、好みの女性を選ばせたところ、好みはばらけました。

そこで次に、Aさんの顔写真に画像処理を施して顔を崩した写真（A′さん）を混ぜ込んだところ、好みの女性としてAさんをあげる人が大幅に増加したのです。A′さんという比較ができる存在が現れたことで、「A′さんと比べると、Aさんは明らかにきれいだ」と感じる人が増えて、Aさんが選ばれるようになったのです。

人は極端なものを避け、真ん中のものを選びたがる

三案を提示するときにもう一つ意識してほしいのが、人には「極端回避性」の傾向があるということです。

人は強い思い入れがあるとき以外は、極端に高かったり低かったり、斬新だったり保守的だったりするものを避け、ちょうど真ん中のものを選びがちです。うなぎ屋さんで「松」「竹」「梅」の三つのメニューが並んでいるときに、多くの人が「竹」を選びがちなのも、極端回避性によるものです。

ですから「A案でOKをもらいたい」というときには、ほかの二案をA案と比べて斬新だったり保守的だったりするものにしておくと、A案を選んでもらえる確率が高まります。

またデザイン案のように、テーブルの上に三案を同時に並べられるものについては、ちょうどA案が真ん中にくるようにして相手に見せます。ここでも極端回避性が働いて、人は端っこに置かれたモノではなく、真ん中に置かれたモノを選びやすいからです。

これは余談ですが、私も「三色のカラーボールのなかから、こちらの思い通りのボールを相手に取らせる」といったパフォーマンスをするときには、極端回避性の法則をよく利用しています。

何もしなくても、真ん中にあるものを選ぶ確率がいちばん高いのですが、さらに左手でボールを取ってもらうようにします。世の中は右利きの人が圧倒的に多いので、左手でモノを取ることに慣れていません。そのため小細工がきかず、直感でボールを取らざるを得なくなるため、真ん中を選択する確率がさらに上がるのです。そして私の場合は、さらにほかにもさまざまなテクニックを駆使することで、確実に真ん中のボールを取らせるように誘導していきます。

もちろんこれはパフォーマンスだからできることで、ビジネスの現場で、上司やお客さんに「気に入った案を左手で取ってください」と言うわけにはいきません。「本命の案は、ほかの案と比べて高くもなく低くもなく、極端に斬新だったり保守的だったりするわけでもなく、ちょうど真ん中ぐらいのものにする」ことと、「三つ並べるときには、本命案を真ん中に置く」ことを心がけるようにしてください。

06 本命を選ばせたいなら、「おとり」を使え！

コントラスト効果で相手を誘導する

私たちは三万円の服を見たあとに、二万円の服を見ると、二万円の服が安く感じられるものです。でも、逆に一万円の服を見たあとに二万円の服を見ると、今度は高く感じられてしまいます。このように同じ二万円の服でも、その前にどんな値段の服を見たかによって、感じ方がまったく違ってきます。

これを心理学で「コントラスト効果」といいます。

このコントラスト効果を有効に使えば、こちらが買わせたい商品や選ばせたい企画などを思い通りに相手に選ばせることが可能です。

たとえば、不動産業界でよく用いられるのが、部屋の内見に来た人に対して、「最初におとり物件を見せる」というやり方。おとり物件とは文字通り、本当に契約を取りたい本命物件の「おとりの役割」を果たす物件です。本命物件と家賃はあまり変わらないのに、築年数が古かったり、部屋が狭かったりします。

内見に来た人は、最初におとり物件を見せられ、次に本命物件を見せられます。するとコントラスト効果によって、本命物件がものすごくいい部屋に見えてしまうわけです。少し冷静になって考えれば、「この街でこの広さとこの築年数の部屋だったら、これぐらいの家賃が普通だよなあ」と思えるような相場通りの物件だとしてもです。

また、おとり物件と本命物件との差が少しだったとしても、差があるだけで、本人の頭のなかでは大きな違いがあるように感じられてしまいます。そのため多くの人は不動産屋さんの「おとり物件作戦」に引っかかってしまうわけです。

ですからみなさんも、相手に買わせたい商品や選ばせたい企画があるときには、おとり商品やおとり企画を用意しておくといいと思います。

逆に、客として店に服などを買いに行ったときに、店員さんが最初にまあまあ普通の商品を持って来て、次に値段は変わらないのにかなり良く見える商品を持って来たときなどは、「この店員は、コントラスト効果を使って、私に商品を買わせようとしているな」と用心したほうがいいでしょう。

見せる順番を間違えると、「感動」が「がっかり」になる

コントラスト効果を活用する際に気をつけたいのは、相手に商品や企画案を見せるときには、「おとり→本命」の順番にすることが大切であって、「本命→おとり」の順番にすると、効果が激減するということです。

人は最初に目にしたものが、物事を評価するうえでの基準になります。最初におとりを見せられたら、そのおとりが基準になります。そのため、次に見せられた本命が素晴らしいものに感じられて、感動が生まれるわけです。

ところが最初に本命を見せてしまうと、今度は本命が基準になります。つまり評価の基準値が上がります。だから、そのあとにおとりを見せてしまうと、「何だ、こんなものしかないのか」と、相手をがっかりさせてしまうことになるのです。また本命についても、「最初に見せてもらったもののほうが、次に見せてもらったものよりまし」という程度の評価しか得られません。

見せているものは同じでも、順番が違うと、「感動」が「がっかり」になる。どの順番で見せるかによって、相手に与える印象が大きく変わってしまうのです。

07 相手を動かしたければ、ごり押しするな

自分で決断したと相手に思い込ませる

強引な営業や、押しの強い販売員にうんざりして、欲しい商品だったけれど、買うのをやめた、という経験はありませんか？

また子どもの頃、そろそろ勉強しようかなと思っていたところに、親から「マンガばっかり読んでないで、早く宿題を片づけなさい」などと言われて、すっかり机に向かう気持ちが失《う》せてしまったということはなかったでしょうか。

人は、自らの意志で決断を下したと思っていることについては、高い満足感を抱きます。そして、一度自分が主体的に選択したことについては、簡単には取り下げないことが心理学の実験でも明らかになっています。逆に他者から「強制的にやらされている」と感じることについては、強い拒絶感を抱きます。

営業マンや販売員の仕事は、お客さんを「この商品だったら買ってもいいな」という気持ちにさせたうえで、実際に買わせることです。また、親であれば子どもを自ら進んで勉強する気にさせる必要がありますし、上司であれば部下が主体的に仕事に取り組むように仕向けることが求められます。つまりこちらが望む方向へと、相手をうまく誘導していかなくてはいけません。

そのときに大切なのは、「自分は誘導されている」と相手に気づかせないことです。そうでないと「自分はこの販売員に強引に買わされようとしている」とか、「お母さんは、また僕に無理やり勉強させようとしている」と思われて、逃げられてしまうことになります。上司と部下の場合は、部下は上司の指示には逆らえませんが、あまり強引な命令だと、内心イヤイヤ従うことになります。けっして良い結果にはならないでしょう。

ですから、本当はこちらが誘導していたとしても、「これは自分の意志で決断をして、選び取ったことなんだ」と思い込ませることが、相手を動かすコツになります。

いちばん言いたいことは、自分で言わずに相手に言わせる

相手に「自分の意志で決断した」と錯覚させるためには、こちらがいちばん言いたいことを、自分ではなく相手に言わせるように仕向けることです。

たとえば、家電量販店で、販売員がお客さんに新製品のスマートフォンについての説明をするとします。販売員がアピールしたいのは、「このスマホはバッテリーが長持ちするので、まる一日充電しなくても電池が切れない」ということだとしましょう。

上手な販売員は、お客さんに説明をするとき、「このスマホですが、バッテリーに改良が加えられまして、従来よりも容量が二倍になったんですよ」というところで話を止めます。するとお客さんは、頭を働かせて、「二倍ってことは、まる一日充電しなくてもバッテリーが持つということですよね」といった発言をしてくれるはずです。

お客さんのこの発言は、販売員がそう言わせるように仕向けたものです。けれどもお客さんは誘導されたとは思いません。「このスマホであれば、バッテリーが一日持つという判断を自分で下して、そう発言したんだ」と思い込みます。そして購入へと意識が向かうのです。

このテクニックは、上司が部下を誘導するときにも使えます。たとえば営業部で、ある営業エリアの売上の落ち込みが目立っていたとします。こんなとき上司は部下に、「このエリアで、いちばんの取引先であるA社へのテコ入れを早急に図れ」といったように、上意下達で命令を下しがちです。

でも部下にその気になって動いてほしいなら、自分で答えを言わずに、部下に答えを言わせることが大切です。

まずは「最近、城南エリアの売上が落ちているけど、どうしたらいいと思う?」といったように部下に投げかけます。そこで部下が「やっぱりA社へのテコ入れを図る必要があるのではないでしょうか」と答えてくれたらしめたもの。「なるほど、確かにそうだね。じゃ早急に頼むよ」と言えば、部下は我が意を得たりという気持ちになって、高いモチベーションで仕事に取り組むはずです。

本当は上司が部下にそう言わせるように誘導しているのですが、部下は「これは自分で考えて答えを出したことだ」と思い込みます。人は自分で選択したと思っていることについては、少々の困難に直面してもやり遂げようとする意識が働きますから、そのぶんうまくいく可能性が高まるわけです。

イチオシのモノがあっても、複数の選択肢を用意する

相手に「自分の意志で決断した」と錯覚させるうえでもう一つ有効なのが、複数の選択肢を用意して、その中から選ばせることです。

上手な販売員は、イチオシの商品があるとしても、お客さんにその商品だけを勧めるようなことはしません。必ず三～五つの選択肢を用意して、各商品のメリットとデメリットを説明します。ただしイチオシの商品が魅力的に感じられるように話します。

そうやってお客さんにイチオシ商品を選ばせるように仕向けているのですが、お客さん自身は、「自分は複数の商品のなかから、自分の意志でこの商品を選択したんだ」と思い込み、満足感を得られるわけです。

お客さんは、自分が販売員に操られているとは気づかないままに、商品を買っていきます。優秀な販売員は、優れたメンタリストでもあるのです。

同様に部下を動かすのが上手な上司や、子どもをその気にさせるのがうまい親も、優れたメンタリストであるといえます。

08 第一印象を良くするとっておきのコツ

第一印象は二分で決まり、半年間変わらない

誰もが「第一印象を良く見せたい」と思うものです。確かに第一印象は、その後の人間関係を決定づけるといってもいいぐらい重要なことです。

第一印象は、七秒から二分で決まるといわれています。人は最初の七秒で、好感が持てそうな人物であるかどうかを判断し、二分で「優しそうな人だな」「頭が良さそうだな」といった判断を下します。

そしていったん第一印象が定まると、その印象を変えるのは、だいたい三カ月から半年はかかるとされています。

つまり第一印象で、「何かこの人はちゃらちゃらしていて、信用できなそうだな」などと思われると、その後どんなに誠実に振る舞っても、それを覆すのは容易ではないということです。そもそも第一印象が悪すぎると、もう二度と会ってもらえなくなる可能性もあります。

逆に第一印象が良いと、その後の人間関係を優位に進めることができるようになります。

たとえば初対面のときに、「この人はマジメで堅そうだけど、でも信頼できそうだな」という好感を得られたとします。そのあと、ちょっとくだけた一面を見せても、相手は「実は軽い人だったんだな」とは思いません。

「普段はあんなにマジメなAさんが、私には意外な一面を見せてくれた。こんなに心を開いてくれた」

と思います。相手との距離を縮めていくために、第一印象を利用することもできるわけです。

相手に与えたい第一印象を明確にし、その通りに振る舞う

ところが多くの人が「第一印象を良くしたい」と思っているにもかかわらず、「で

は具体的にどういうふうに見られたいのですか」と質問すると、答えることができません。

「穏やかで、フレンドリーな印象を与えたい」とか、「クールで頭が切れる印象を与えたい」といったように、自分が相手に印象づけたいイメージがはっきりしていてこそ、初めてこちらが望む第一印象を相手に与えることが可能になります。自分がどんな人間で、どういうふうに人から見られたいかを、明確にしておく必要があります。

そこでみなさんにオススメしているのが、自分はどんな人間なのかを三つのキーワードで定義する「スリーポイント・プロフィール」を作成することです。

たとえば私でいえば、「一日に本を三〇冊読む」「猫を溺愛している」「メンタリストとして人の心が読める」の三つを常に意識するようにしています。人は「私は〇〇な人間だ」と自己を規定すると、実際にそのように行動するようになりますから、普段の言動や醸《かも》し出す雰囲気が、「いかにも本と猫を好み、人の心を読むのに長《た》けた人物」の振る舞いになります。また自己紹介をするときにも、自分が相手に伝えたい情報のみを適切に選択して、思い描いた通りの第一印象を与えられます。

スリーポイント・プロフィールを作成するときには、そんなに難しく考えることはありません。自分の性格や個性、趣味、働き方の特徴などから、思いつくことをとにかくたくさん挙げていきます。すると「野球が好き」「お酒を飲むのが好き」「猫が好き」「音楽を聴くのが好き」「曲がったことが大嫌い」「出張が多くて、毎週のように飛行機や新幹線に乗っている」といったように、誰でも一〇個ぐらいは出てくるはずです。

そのなかから、自分という人間をいちばん的確に表していそうなものや、相手に印象づけたいものを、キーワードとしてピックアップすればいいのです。

またキーワードは、「お酒を飲むのが好き」よりは「バーボンを飲むのが好き」、「猫が好き」よりは「捨て猫を拾ってきて、家で飼っている」、「音楽を聴くのが好き」よりは「ジャズを聴くのが好き」というふうに、より具体的な言葉に落とし込んだほうが自己像を明確にすることができます。ジャズとバーボンと捨て猫をこよなく愛しているだなんて、それだけで何か雰囲気のありそうな人物像が浮かび上がってきます。

作成したスリーポイント・プロフィールは、付箋に書き込んで手帳に貼っておくといいでしょう。そうすることで、手帳を開くたびに自分のプロフィールを確認することができるようになります。

スリーポイント・プロフィールを作る最大のメリットは、第一印象を自分でコントロールできるようになることです。自分が打ち出したいキャラクター像が不明瞭なままに、何となく人と会っていると、相手のほうで勝手にこちらのキャラクターを作り上げてしまいます。人は、足りない情報については想像力で補う生きものなので、相手の想像のなかで自分のキャラクターが決まってしまうのです。

相手は自分に対して、「優しそうな人だな」「話しやすそうな人だな」と好印象を抱いてくれるかもしれませんが、「気が弱そうだな」「優柔不断な感じだな」というように悪印象を抱いてしまうかもしれません。第一印象を自分でコントロールできていないと、相手が自分にどんな印象を抱いているかもつかめないので、好印象を抱かれたときにその印象を強化させることも、悪印象を抱かれたときにその印象を修正させることも困難になります。

そうなることを防ぐためにも、第一印象を自分でコントロールできるようになることが大切なのです。

09 自己開示で、相手との距離感をぐっと近づける

矛盾する認知がある状態に、人は耐えられない

私たちは親しい相手には、家族のことや仕事で悩んでいることなど、いろいろとプライベートな話ができるものです。でも実はこれ、逆もまた成り立ちます。

たとえば酒を飲んでつい気が緩んでしまい、まだあまり親しくないAさんに深めのプライベート話をしてしまったとします。酔いが冷めてから、そのことに気づきました。

こんなとき私たちは頭のなかで、以下のようなつじつま合わせをしようとします。

「私はなぜ、そんなに親しいわけでもないAさんに、あんなプライベートな話をしてしまったのだろう。本来人は、親しい人にしかプライベートな話はしないものなのに……。いやいや、そうじゃない。自分はもともとAさんに親しみを感じていた。だか

らあんな話をしたんだ」と。

つまり人は「親しい人にはプライベートな話をする」のと同時に、「プライベートな話をすると、その人のことを親しいと思い込もうとする」という習性があるのです。

アメリカの心理学者であるレオン・フェスティンガーは、「人は心のなかに、二つの矛盾する認知がある状態を不快に感じる」と提唱し、こうした状態を「認知的不協和」と名付けました。

私たちは、認知的不協和を抱えたまま生きていくことには耐えられません。そのため前述の例でいえば、「認知Ⅰ：プライベートな話は親しい人にするものだ」「認知Ⅱ：親しくもないAさんにプライベートな話をしてしまった」という矛盾した状態を抱えたときには、それを解決するために、認知Ⅱのほうを「Aさんには親しみを感じていたから、プライベートな話をしたんだ」というふうに修正してしまうわけです。

プライベートな話はこちらから持ちかける

なぜ私が認知的不協和について話したかというと、まだあまり親しくない相手と早く打ち解けたいなら、相手からプライベートな話を早めに引き出すことがカギになるからです。

相手はプライベートな話をした途端に、認知的不協和の状態を脱するために、「自分はこの人に親しみを覚えたから、こんな話をしたんだ。自分はこの人が好きだ」と思い込もうとします。そしてその思い込みによって、心理的な距離感がぐっと近づきます。

相手からプライベートな話を引き出すためには、まず自分のほうからプライベートな話を持ちかけるのがいちばんです。

「私には一つ上に姉がいるんですけど、高校生の頃は仲が悪くて、やっと最近ちゃんと話せるようになったんですよ」というふうに、自分のプライベートを開示すると、こちらが心を開いたぶん、相手も心を開いて、自分の兄弟や家族の話をしてくれるものです。そうやってお互いのプライベートについて語り合っているうちに、少しずつ関係が深まっていきます。

逆にこちらが自己開示をしないまま、相手のプライベートを根掘り葉掘り聞こうとすると、警察の尋問のようになるため、相手はかえって心を閉ざします。

ただし場合によっては、こちらが兄弟や家族の話をしても、相手にいろいろと事情があって、その話題を避けたがることもあるでしょう。そんなときは「この話はしたくないんだな」と察して、話題を変えればいいだけのことです。相手に引かれるのが怖くて、当たり障りのない世間話に終始していると、関係はいつまで経っても深まっていきません。まずは挑戦してみることです。

ちょっとこちらから自己開示してみて、相手の様子を探ります。相手も自己開示してくれれば、その話題を深掘りすればいいし、嫌がっているようだったら、その話題はやめにする。こうした会話の押し引きが大事です。

また、自分のプライベートを開示するときにも、話しやすいものでかまいません。親友にだって打ち明けていないようなデリケートな話題を話す必要はないのです。「私はあなたに親しみを覚えていますよ。だからこんなプライベートな話をしているのです」というメッセージを相手に伝えることができれば、それで大成功です。

10 転職先や異動先で、すぐに周りに溶け込むためのコツ

アプローチするなら、早いに越したことはない

みなさんのなかには転職先や異動先で、なかなか周りに溶け込めずに苦労した経験がある人がいるかもしれません。また、これから就職や転職、異動を控えている人のなかには、うまく自分が職場に溶け込めるかどうか、不安に感じている人もいることでしょう。

実はすぐにチームに溶け込めるかどうかは、自分の気持ちの問題が一番大きいといえます。周りの同僚は別にあなたに対して、「仲間として認めるべきか認めないべきか」なんてことはいちいち考えていません。江戸時代の閉じた村社会のようなところであれば、新参者が来ればみんな警戒するでしょうが、普通の会社の職場であれば、毎年のように新しい人が入ってきます。入ってきた時点で、すでにあなたをチームの

一員として認めています。だからこちらから飛び込めば、基本的には受け入れてくれるはずです。

どうせ自分のほうからみんなにアプローチするのなら、早いに越したことはありません。56ページでも述べたように、人の第一印象は七秒から二分で決まるといわれており、その印象が変わるのには三カ月から半年はかかるとされています。新しい職場で働き始めたその日にアプローチしても、一カ月後にアプローチしても効果は同じです。それなら早めにアプローチして、早く打ち解けられたほうがいいわけです。

職場のなかで、一番世話好きで外向的な人に声をかける

職場のなかには、「何か困ったことがあったら、何でも言ってね」といったふうに、積極的に声をかけてきてくれる世話好きな人や外向的な人がいるものです。こちらから最初にアプローチするのは、そういう人がいいでしょう。

話しかけるときには、「ちょっとだけ自分が困っていること」や「よくわかっていないこと」を話題にするといいと思います。

たとえば「私、この街で働くのは初めてなので、あまり食べ物屋さんを知らないんですけど、どこかオススメのランチはありますか」といった質問はどうでしょうか。そして店を教えてもらったら、ちゃんと足を運び、「あそこの海鮮丼、魚がすごく新鮮でおいしかったです。あの値段であんなランチが食べられるとは思いませんでした。ありがとうございます！」というふうに、ちょっとオーバーなぐらいに感謝の気持ちを示します。

人は、「自分のことを助けてくれた人」よりも「自分が助けた人」のことを好きになる傾向があります。助けた相手から感謝をされると、自己満足感を得ることができるからです。そして「相手のことをもっと助けたい」「目をかけてやりたい」という意識が強くなります。

こうして職場のなかで、いちばん世話好きな人や外向的な人から好かれたら、あとはチームのなかに溶け込んでいくのは簡単なことです。こういう人はチームに対して強い影響力をもっていますから、ほかのメンバーもあなたを仲間と認め、受け入れてくれます。案ずるより産むが易し。あれこれ考えて悩むよりも、自分から一歩を踏み出してください。

11 バックトラッキング＋質問で、どんな相手とも雑談が苦でなくなる

5W1Hで考えると、質問できることが見つかる

あまり親しくない人と、何かの場面で二人っきりになってしまったときに、会話に困ることがあります。そんなときは「バックトラッキング＋質問」で会話をつなげていくと、雑談が長続きします。

バックトラッキングとは、オウム返しのことです。たとえば相手が「この前に連休に、家族で温泉旅行に行ってきたんですよ」と話したとすれば、「へえ、温泉旅行ですか」というふうに、まずバックトラッキングします。そのうえで「どちらに行かれたんですか」と質問を付け加えます。

こちらの質問に相手が「群馬県の伊香保温泉です」と答えたとすれば、「ああ、伊香保ですか。私も温泉は好きなのですが、伊香保はまだ行ったことがないんですよ

ね。どうでしたか？」というふうに、またバックトラッキング＋質問で返します。こうすれば、いつまででも雑談を続けることができるわけです。

もちろん、時には「あれ、質問が全然浮かんでこないぞ⁉」ということもあるでしょう。そんなときは、When（いつ）、Where（どこで）、Who（誰が）、What（何を）、Why（なぜ）、How（どのように）の5W1Hで考えてみると、質問できることが見つかります。

たとえば、こんなふうにです。

相手「この前の連休に、家族で温泉旅行に行ってきたんですよ」

自分「へえ、温泉旅行ですか。どちらに行かれたんですか（Whereで質問）」

相手「群馬県の伊香保温泉です」

自分「ああ、伊香保ですね。でもなぜ伊香保にされたんですか（Whyで質問）」

相手「それがね、何と商店街のくじ引きで温泉旅行券が当たったんですよ」

自分「えっ、くじ引きで⁉　私はくじ運がすごく悪いんですけど、ああいうのってどうやったら当たるものなんですかね？（Howで質問）」

客観的な事実について質問する

「バックトラッキング＋質問」で会話をすることのメリットは、単に雑談が長続きするだけではありません。相手はこれをされると、自分のことをいろいろと打ち明けざるを得なくなります。

62ページでも述べたように、人には「プライベートな話をしたときには、その話をした相手のことを、自分にとって親しい人だと思い込もうとする」習性があります。つまり、自分のことを打ち明けているうちに、勝手にこちらに対して親近感を抱くようになります。そして気を許して、どんどん話し出します。そうなればもう会話に困ることはなくなるわけです。

質問をするときに気をつけたいのは、相手のことをいろいろと詮索しているように感じさせないことです。そのためには「客観的な事実」について質問することを心がけます。

たとえば相手が、「今、兄弟の間が相続の話で揉《も》めてましてね」といった、ちょっと重めの話題を持ち出してきたとします。こんなときに、いくら相手のほうから振ってきた話題だとしても、「ご兄弟とは仲が悪いんですか」といった質問をするのは、相手のプライバシーに踏み込みすぎです。けれども「ご兄弟は何人いらっしゃるのですか」というように、客観的な事実について質問するのであれば、当たり障りがないし、詮索している感じも弱まります。

こうしてこちらが客観的な事実についてのみ質問をしているうちに、相手は勝手に「元々は兄弟仲は悪くなかったんだけど、長男の嫁さんがね……」というふうに、込み入った事情について話してくれます。

こちらから相手のプライバシーを根掘り葉掘り聞き出すのではなく、相手から話し出すように仕向けていきます。そうすれば詮索や尋問調にならずに、自然と会話の内容を深めていくことができます。

どんな人でも「お喋りのツボ」がある

「バックトラッキング＋質問」によって雑談を長続きさせることのもう一つのメリットは、これを続けるうちに「つい相手がお喋りになってしまうツボ」が見えてくることです。

たとえば「家族で伊香保温泉に行った」という雑談のなかで、「うちの五歳の娘は温泉が初めて……」とか、「うちの五歳の娘が夕食のときに……」というふうに、やたら五歳の娘の話が相手の口から出てきたとします。その自分の娘について話したくて仕方がないことは、どう考えても明らかです。この人の「お喋りのツボ」は、五歳の娘さんです。

するとその話題さえ振っておけば、相手にずっと気持ち良く話し続けてもらうことができます。そして楽しく話せたということで、不思議なことにこちらに対する好感度まで上がっていくのです。

どんなに無口や口下手に見える人でも、必ず何か「お喋りのツボ」があるものです。雑談では、そのツボを見つけることを意識してみてください。

また「バックトラッキング＋質問」を続けるうちに、「実はお互いに温泉が好き」とか、「お互いに保育園に通う子どもがいる」といった共通点が見つかることがあります。人は共通点が見つかると、その話題で盛り上がることができ、心理的距離が一気に近づきます。ですから雑談では、「この人との共通点は何だろう」ということを意識しながら会話を進めていくことも大事です。

これは余談ですが、パーティなどの場面で初対面の人と話すときには、無理やり共通点を作り出すという手もあります。たとえば親しくなりたい人が赤ワインを飲んでいたら、自分も赤ワインが入ったグラスを手にして、「ワイン、お好きなんですか」と話しかけます。また相手が水色のポケットチーフで胸ポケットを飾っていたら、自分もさっとポケットチーフを水色のものに変えて、「ポケットチーフの色、同じですね」と話しかけたりするわけです。

共通点づくりとしては、「犬好きですすか、猫好きですか」といった二者択一の質問をすることもオススメです。犬好きか猫好きかのどちらかなので、「私は猫のほうが好きですね」「そうですか。私も猫好きなんですよ。同じですね」となる確率が上がります。もし相手が「犬のほうが好きですね」と答えた場合でも、その答えに対して「ああ、犬がお好きなんですね。飼われているんですか」というふうに「バックトラッキング＋質問」をすれば、会話を続けていくことができます。

ともあれ、あまり親しくない相手と雑談をしながら打ち解けていくための突破口として、ぜひ「バックトラッキング＋質問」を活用してください。

12 なぜか印象に残る人はここを見ている

「会社の人」ではなく、「一人の人間」として接する

採用試験の面接などで、なぜか相手に好印象を残して採用になる人と、ほとんど印象を与えることができないまま不採用になる人がいます。面接で好印象を残せる人は、商談やプレゼンでも同様の印象を相手に与えることができます。この違いは何でしょうか。

私の知人の女性が、ある企業の採用試験で最終面接を受けたときのことです。

面接官から「うちの会社について何か質問はありますか」と聞かれたときに、ほかの人たちがありきたりの質問をするなかで、彼女だけが「実は御社は、すごく女性が強いんじゃないかというイメージを持ったんですけど、実際はどうなんですか」とたずねました。そのとき面接を担当したのは全員、男性の役員陣だったのですが、彼女の質問にみんな大爆笑。みごと採用が決まりました。

彼女が面接官の「笑いのツボ」を押さえることができたのは、彼らのことをよく観察していたからだと思います。

就職活動で会社を訪ねたり、OBやOGの話を聞くうちに、「この会社は男性社員が多いけれども、実は現場ではけっこう女性がイニシアティブを取って仕事をしているんじゃないか」という仮説を立てたのでしょう。

そしてその仮説を、ユーモラスな質問に変えて役員陣にぶつけてみたところ、大受けしたわけです。

新卒の採用試験も最終面接まで来れば、だいたい粒ぞろいの学生が残っているものです。意欲や能力の面ではさほど差はつきません。そうすると、いかに相手の印象に残るひと言が言えるかが勝負になります。彼女の場合はそれができました。

面接後はきっと役員陣の間で、「彼女はなんでうちの会社のことをあんなに知っているんだろうね」「もしかして、○○さんの知り合いなんじゃないの。あはは」といった会話で、ひとしきり盛り上がったことだろうと思います。

これは面接に限らず、商談でも同じですが、先方の担当者は会社を代表する存在であると同時に、一人の人間です。面接でも商談でも、本来私たちは「会社」を相手に話しているのではなく、「一人の人間」を相手に話しています。

ですからその人のことを一人の人間として、「どんな性格で、何に興味があって、何を言ったらおもしろがってくれるか」を想像しながら発言すると、相手の心に刺さるひと言が言えるようになります。

友人や同僚を練習台に、普段から人を見るクセを持つ

相手の印象に残るひと言を言えるようになるためには、普段から人を見るクセをつけておくことが不可欠です。

たとえば名刺交換をしたときに、相手の右手だけが日焼けしていたとします。ゴルフをしたことがある人なら、ちょっと観察力を働かせれば、「この人もゴルフをしているな」とすぐに気づくはず。なぜならゴルフでは、滑り止めのために、片方の手だけにグローブをはめている人が多いからです。だからもう片方の手だけが日焼けするのです。

商談に入る前の世間話の合間に、ふと思い出したかのように「そういえば○○さんって、ゴルフがお好きですよね」と話題を振れば、「えっ、どうしてですか?」と、相手は必ず食いついてきます。

そこで「だって右手だけ日焼けしていますよ」と話せば、「この人は洞察力が鋭いぞ」という印象を相手に残すことができるわけです。

もちろん、商談のときだけ急に洞察力を働かせようと思っても、それは無理。普段から家族や恋人、友人や同僚で練習して、人を見るクセを持っておくことが大事です。

相手に強い印象を残せる人は、相手のことをよく見ている人なのです。

13 三分で相手の心をつかむ自己プロデュース術

弱みを見せたほうが好感度はアップする

みなさんのなかにはお見合いパーティに参加した経験がある人もいると思います。あれは、三分ぐらいの間に、次々と相手を変えて会話を交わさなくてはいけません。短い時間で、好印象を相手に残すことが求められます。

また普通のパーティでも、一人の人と話せる時間は限られています。

ここではパーティのときのように、「短い時間で、相手の心をつかみたい」というときに、役立つワザをいくつかみなさんに紹介したいと思います。

まずオススメなのが、58ページで述べたスリーポイント・プロフィールです。これを使えば、コンパクトかつ的確に、自分のことを相手に印象づけることができます。

与えられている時間が三分なら、最初の一分半でスリーポイント・プロフィールに沿って自己紹介をし、残りの一分半で相手の話を聞くようにするといいでしょう。

またスリーポイント・プロフィールを話したあとに、一つだけ自分の弱みについても話しておくといいと思います。なぜなら人は、ちょっと弱点があったり、抜けていたりするところがある人に親近感を抱くからです。みなさんも、あまりにも完璧すぎる人については、「尊敬はできるけれども、友達や恋人としては、ちょっと自分には無理」と思ってしまうのではないでしょうか。人から好かれたければ、完璧な人間を演じようとするのではなく、むしろ自分の弱みを素直に見せたほうがいいのです。

お見合いパーティであれば、「僕は料理が好きなので、友人を招いて家で飲むことが多いんですけど、掃除が苦手なので家に人を呼ぶ前は大変なんですよ」というふうに自己紹介をすれば、「料理が好きって素敵だな。それに私も掃除が苦手だから、なんかこの人だったら安心するかも」といったように、相手から好感を抱かれる可能性が大です。

ちなみに私は「最初の一分半で自己紹介をして、残りの一分半で相手の話を聞く」と言いましたが、いかにも相手が話したがり屋で「私の話を聞いて、聞いて」というタイプであれば、聞き役に回ったほうが好感度はアップします。

ただし、お見合いパーティのような場合は、こちらのほうから自己開示をして話題を振ってあげたほうが、相手もその話題に沿って話しやすくなるかもしれませんね。

服装のなかに赤色を入れると、相手の記憶に残りやすくなる

相手に自分の印象を強く残したいなら、服装のなかに赤色を入れておくと効果的です。赤色は色のなかでも、もっとも記憶に残りやすい色です。テストの採点や文字の修正のときに赤ペンが使われるのはそのためです。

とはいえ、女性はまだしも男性の場合は、全身を赤でまとめるのはちょっと無理ですから、ワンポイントで構いません。アメリカのオバマ大統領は大切なスピーチのときによく赤色のネクタイを着用していますが、あの程度のアピールの仕方で十分です。

ただし赤色を着用すると、相手がこちらに好印象を持ったときだけでなく、悪い印象を抱いたときにも、その記憶が強く残ります。ハイリスク・ハイリターンの色です。

ですから、特に女性が赤を大胆に服装のなかに取り入れるときには、当日美容室に行って髪をしっかりセットするなどして、最高の自分を見せられる状態にしたうえで、パーティに臨むといいでしょう。

もう一つ、相手と話すときには、もちろん笑顔が基本です。しかも、できれば作り笑いに見えない笑顔のほうがいい。

人は本当に楽しくて笑っているときには、目の周りにある眼輪筋という筋肉が動いて、目尻にしわが寄るのですが、作り笑いではこの筋肉が動かないために、「顔は笑っているけれども、目だけは笑っていない」という状態になります。そのため「この人は作り笑いをしているな」と相手にばれてしまいがちです。

これを防ぐためには、そのほかの表情筋の動きを豊かにすることによって、眼輪筋が動いていないのを隠すしかありません。

表情筋はトレーニングをすることが可能です。俳優さんが迫真の演技ができるのは、みなさん普段から表情筋を鍛えているからです。具体的な鍛え方については、ネットですぐに検索することができますし、本もたくさん出ていますから、ぜひ参考にしてみてください。

14 どうせお世辞を言うなら、徹底的に貫こう

お世辞を言われて、イヤな気分になる人はまずいない

仕事をしていると、上司やお客さんに対して「ここはお世辞《せじ》の一つでも言っておいたほうがいいんだろうな」という場面が出てきます。私たちは本心では、「できれば嘘をつきたくない。正直でいたい」と思っています。だからお世辞を言おうとしても、中途半端なものになりがちです。

けれどもどうせお世辞を言うのなら、徹底的に貫いたほうが絶対にいいです。

お世辞を言われて、イヤな気分になる人はまずいません。私たちがイヤなのは、お世辞を言われることではなく、誰かが自分以外の人にお世辞を言っている姿を目にすることです。たとえばAさんがBさんにお世辞を言っている姿をCさんが見たときに、Cさんは、「Aのヤツ、あんなにBに媚びちゃって。しかもBはAのお世辞を真

に受けているし……。ああ、イヤだね」というふうに、嫌悪感を抱くわけです。

ところがそんなCさんも、自分自身がお世辞を言われるとうれしいものです。たとえば会社の後輩から「先輩のプレゼンはいつも素晴らしいですよね。勉強になります」と言われたとします。こんなときCさんは「もしかしたらお世辞かもな」とは思いながらも、うれしさを抑えることができます。そして後輩の言葉を信じたいという気持ちが働きます。

ここでみなさんがもしCさんの後輩なら、もう一押しが重要です。

人はお世辞を言われると、多くの場合は「いや、そんなことはないよ」と、まずは一回否定します。これは、ほめられて無邪気に喜んでいる姿を相手に見せたくないのと、相手が本心からそう思っているのかどうかを確かめたいからです。

そこでCさんに対して「だって先輩のプレゼンって、具体的なエピソードがたくさん盛り込まれていて、すごくわかりやすいですからね」というふうに、お世辞をさらに連ねます。すると相手は、こちらの言葉を本当に信じるようになるわけです。

お世辞は、根拠のないものでも別に構いません。心理学の実験でも、「発言のほとんどで、根拠のないお世辞を言いまくった場合」と、「発言の一部に、根拠のあるお世辞を盛り込んだ場合」と、「まったくお世辞を言わなかった場合」とでは、相手のこちらに対する好感度がもっとも高かったのは、「発言のほとんどで、根拠のないお世辞を言いまくった場合」でした。

だからもし、お世辞を言おうと決めたときには、がんばって言い切らなくてはいけません。

相手の願望に沿って、お世辞の内容を変える

お世辞の上級者になると、「相手の願望」に沿ってお世辞が言えるようになります。

人にはそれぞれ「こうありたい。こう見られたい」という願望があります。たとえば「『あの人は頭がいい。頭が切れる』と思われたい」という願望がある人に対して、「すごい努力家ですよね。尊敬します」と、頭の良さではなく努力家であることについてのお世辞を言ったとしても、相手はあまり喜んでくれません。それが事実だったとしてもです。相手がまさに望んでいるお世辞を言うことが大事です。

お世辞を言うときには、「この人は何を言われると、喜ぶだろう?」と考えながら

発言するようにしてください。

最後にお世辞を言うときに気をつけておきたいことを一つ。

前述したように、人は自分がお世辞を言われているときはイヤな気分にはなりませんが、他人のお世辞を聞かされるのは不快なものです。つまり自分へのお世辞には鈍感ですが、他人のお世辞には敏感です。

だから、自分がある人にお世辞を言っている姿を第三者に見られたときには、「あいつはおべっかばかり言っている。信用できないな」と思われてしまうリスクがあります。

そうならないためには、お世辞は第三者がいない二人っきりの場面で言ったほうが安心です。

第2章　異性の心をわしづかみにする心理戦略

15 相手のウソをこっそり暴くテク

一度信じたふりをして、相手の出方を見る

心理学には表情分析学といって、人間の感情と表情の関係について研究している分野があります。人はウソをついているときには、「大好きだった彼女と別れることになって悲しい」という話をしているのに、悲しいときに動くはずの表情筋が全然動いていないというように、「言っていること」と「表情」に乖離《かいり》が生じます。メンタリストはこの表情筋の動きを見て、「彼は今ウソをついているな」と見破ります。

ただし、表情筋は四〇個以上もあり、組み合わせは一万通り以上にもなります。しかも、人の表情は、〇・三秒から一秒ぐらいの短い間にころころ変わります。そのためよほど訓練を受けた人でないと、表情筋の動きを手がかりに相手のウソを見抜くのは困難です。

では普通の人は、ウソを見破るのは不可能かというと、そんなことはありません。誰でも比較的簡単にできる方法があります。

それは、「質問」によって相手を揺さぶることで、ウソをついているかどうかを判断するというものです。

女性のなかには、夫や恋人の浮気を疑っているときに、相手につかみかからんばかりの勢いで、「あなた、昨日の晩は何をしていたのっ!! きっとほかの女のところにいたんでしょ。もうっ、絶対に許せない!!」と、すっかり逆上してしまう人がいます。

これは、もし男性が本当に浮気をしていたとしたら、相手の思うツボです。キレた相手には逆ギレで返せば、感情的な応酬になるため、話をそのままうやむやにすることができるからです。一方、男性が浮気をしていなかった場合は、思い込みの激しい女性の姿を見て、すっかり気持ちが冷めてしまうことになるでしょう。

つい冷静さを失って、相手を責めたくなる気持ちはわかりますが、こんなときこそ気持ちを落ち着かせる必要があります。

たとえば「昨日の夜は帰りが遅かったけど、何をしていたの?」と訊ねたときに、「昨日は残業だったんだよ」という答えが返ってきたとします。

大切なのは、ここからです。その言葉を信じたふりをして、「変なことを言ってごめんね。最近、仕事が忙しいもんね」とわざと引いてみます。そのうえで相手の出方を見るのです。

人はウソをついていなければ、自分が疑われたことに不機嫌になるものです。すると、声のトーンが下がり、口数が少なくなります。あなたのパートナーがこのようになれば、おそらくウソはついていないでしょう。

一方、ウソをついていたときには、人はウソが見破られなかったことにホッとして、思わず表情が緩みます。そして声のトーンが上がり、こちらが聞いてもいないことをベラベラと話し出したりします。この場合、残念ながらあなたのパートナーは浮気をしている可能性が濃厚です。

相手との関係を壊さずに、探りを入れる方法

とはいえ、相手の浮気を疑っているときに、「昨日の夜は何をしていたの?」と問いかけるのは、いささかストレートすぎるといえます。もし相手が潔白であったとし

ても、その後の関係がぎくしゃくしてしまう怖れがあります。

そこで質問の仕方としてよりオススメなのが、「昨日、何か楽しいことがあった？」というふうに、曖昧《あいまい》に聞くというものです。

「昨日、何か楽しいことがあった？」と質問されたら、心にやましいことがある人はドキッとしますよね。そういう人にとってこの質問は、曖昧どころか、ものすごく具体的な質問に感じられます。そのためすっかり落ち着きをなくして、何とかごまかそうとウソのストーリーをあれこれと考えます。声がうわずり、普段よりおしゃべりになります。

でも身に覚えがない人は、きょとんとした表情になります。「えっ、何で？」ときっとあなたに聞くでしょう。そんなときあなたは、「うん、何となくそんな気がしたから」と言えばそれで済みます。

つまり相手との関係を壊すことなく、浮気をしているかどうかの探りを入れることができるわけです。

ここではパートナーの浮気を例にしてウソを見破る方法を紹介しましたが、このテクニックは、上司が部下のウソやごまかしを見破りたいときなど、そのほかの場面でも使うことが、もちろん可能です。

たとえば部下があげてきた企画書を見て、「これはちょっと手抜きをしたんじゃないかな」と感じたとします。そんなときはわざと「この企画書、作るのが大変だったんじゃない？」と質問してみます。

やましいところがない部下であれば、「まあ、そうですね」とか「いや、そうでもなかったです」といったふうに、短い言葉で端的に答えるでしょう。けれども、手抜きをしたことを見破られたくない部下の場合は、「そうなんです。実はこの部分を書いているときに、こんな壁にぶち当たって、ああでこうで……」と、必死になっていろいろと釈明をするはずです。おそらくその部下は、手抜きをしています。

ウソは見抜いても、指摘しないほうがいいこともある

ちょっと話は脱線しますが、最後にウソを見破ることの良し悪しについても、触れておきたいと思います。

私は時々、「ＤａｉＧｏさんはメンタリストだから、相手がウソをついているとき

には、きっとすぐにわかるんでしょうね」と聞かれることがあります。

答えはもちろんYESです。少し意識を集中させれば、割と簡単に見破ることができます。けれども相手がウソをついているときに、それを指摘するかしないかは別の話です。

ウソには「白いウソ」と「黒いウソ」があります。白いウソとは、悪意がなく、誰にも迷惑をかけることがない類《たぐ》いのウソです。時には「真実を言うことで、不必要に相手を傷つけたくない」という配慮から、白いウソを言うことがあります。一方黒いウソとは、誰かを陥れようという悪意のもとに発せられるウソのことです。

ですから私は、白いウソについては、それがウソだと気づいたとしても指摘はしません。けれども、黒いウソをつく人に対しては、徹底的に戦います。

みなさんも、ウソを見抜くテクニックを身につけたとしても、白いウソについては見抜こうとしないほうがいいと思います。そんなことをしても、ウソをついた人も、つかれた人も、幸せにはならないからです。また見抜いたとしても、指摘はしないほうがいい。

ウソを見抜くテクニックは、黒いウソに対してだけ行使してください。

16 女性のお世辞を見抜くコツ

最上級の「いいですね！」を把握しておく

商談などの場で、お客さんにちょっとした提案をしたところ、その場では「ああ、それいいですね」と言ってくれたのに、後日改めて電話やメールをしてみると、実は相手が全然乗り気ではないことがわかって、がっかりしたという経験はないでしょうか。

プライベートの関係でも、「今度飲みに行こうよ」とこちらが誘ったときには、「いいね、ぜひ行こう」と言ってくれたのに、いざ具体的な日取りを決める段になると、いろいろと理由をつけられて断られてしまうようなことがあります。

人は本気で「いい！」と思ったときにも「それ、いいですね」と口にしますし、とりあえず相手に合わせておくときにも「それ、いいですね」と口にします。

私はFacebookの「いいね！」についても、そのうちの三割ぐらいは、「どちらでもいい」や「どうでもいい」の「いいね！」が含まれているのではないかと思っています。

相手が発している「いいですね」が本気かどうかを見破ることができれば、ビジネスやプライベートの人間関係をもっとスムーズに進めることができるはずです。

相手の「いいですね」の本気度をつかむためには、相手が本当に心を動かされたときに、どんな表情や口調になるかを覚えておくのがいちばんです。そのために利用したいのが、雑談の場です。

たとえばこれから商談をする相手に、一歳になったばかりの娘さんがいるとします。商談前の雑談の場面で、「最近、娘さんはどうですか」と振ってあげれば、すごくうれしそうな表情や口調で、「まだよちよち歩きなんですけど、ちょっと歩けるようになってきたんですよね。子どもの成長って早いですよ」といった話をしてくれるでしょう。そのうれしそうな表情や口調をチェックしておきます。

すると仕事の話になって、相手が「それ、いいですね」と発言したときに、そのときの表情や口調を、娘さんについて話していたときのものと比較すれば、どれぐらいの本気度で言っているかおおよそ察しがつくわけです。

人にはいろんなタイプの人がいて、うれしい話をするときでもあまり表情が変わらない人もいれば、コロコロ変わる人もいます。ですからその人の最上級の表情や口調を知っておくことが大切です。

中には「沈黙」が最上級の表情だったりする人もいます。たとえばプレゼンの場面で、相手はアイコンタクトもしてくれなければ、うなずきもしてくれない。「こりゃ絶対にダメだな」と内心あきらめていたところに、「よし、君の案でやろう」と言われて、びっくりするようなことがあったりします。

こんなとき「この人は、基本的にあまり表情が変わらないタイプの人だな」ということがあらかじめわかっていれば、ちょっとぐらい反応が悪くても、動じることなくプレゼンに臨むことができます。

男性は自分のプライドのために、女性はお世辞でウソをつく

相手の最上級の表情や口調を把握しておくことは、恋愛関係においても大事です。

特に気をつけてもらいたいのが男性陣のみなさんです。男性は「自分をよく見せたい」というプライドのためにウソをつきますが、女性は相手を気持ち良くさせるためにウソをつくことがよくあります。つまり、お世辞のウソをつくのです。

たとえば、彼女にプレゼントを渡したときに、本当はもらっても全然うれしい品物ではないのに、笑顔で「ありがとう、うれしい」とウソをつくようなことがあります。

このウソに気づかないまま、毎回似たようなプレゼントを贈り続けていると、大ゲンカをしたときなどに、「実はあんなプレゼント、私は全然うれしくなかったのよ」などと彼女から言い放たれて、愕然《がくぜん》とさせられるようなことが起きてしまいます。

ですから、彼女が口にした「ありがとう、うれしい！」が、本気の「うれしい」なのか、偽りの「うれしい」なのかについては、ぜひ見分けられるようになっておきたいもの。

自分が精神的にショックを受けないためにも、ウソを見破る力をつけてください。

17 男のウソがばれて、女のウソがばれないワケ

ウソをついているときほど、女性は相手の目をじっと見る

人はウソをついているとき、目が泳ぐと言われています。

といっても実はこれ、男性についてはまさしくその通り。でも女性については当てはまりません。

男性の場合、ウソがばれそうになると、相手の目を長い間見ることができなくなります。

ちょっと目を合わせてもすぐに視線を下に落としたり、別のほうを見ていたと思ったらまたあわてて視線を戻したり……。とにかく落ち着きがなくなります。

「ウソをついていることを見破られ、問い詰められるんじゃないか」という不安から、男性はそうなってしまうのです。

ですから、男性のウソを見破るのはけっこう簡単です。

一方、女性の場合はこれとはまったく逆。ウソをついているときには、むしろ普段よりもアイコンタクトの時間が長くなります。

自分のウソを相手がどんな表情で聞いているか、どれぐらい疑っている様子なのかを確認するために、ずっと相手の顔を見ながら話す傾向があるのです。

ですからウソをついているときには明らかに目がキョロキョロしてしまう男性とは違って、女性のウソはなかなか見破ることができません。それに男性は、もし好きな女性が自分の目をじっと見つめながら「私のことを信じて」と言ったとしたら、つい信じてしまうものですよね。

ウソをついているとき、男性は目が泳ぎ、女性は逆にアイコンタクトの時間が長くなるのは、脳の違いから来ています。女性は右脳と左脳をつなぐ脳梁と呼ばれる神経の束が、男性よりも太いとされています。そのため一方でウソをつきながら、一方で相手の表情を観察するというように、複数の物事を同時にこなしていくことができるわけです。

反対に、男性の脳はシングルタスクでしか物事を処理することができませんから、ウソをついているときには、そのことだけで頭がいっぱいになり、とても相手の表情など見ている余裕がなくなるのです。

全部を作り話にしないで、隠したいところだけ脚色する

こんなふうにウソについては男性のほうが圧倒的に不利な条件を背負わされているわけですが、そんなななかでも何とか女性のウソを見破りたいのであれば、その女性の普段のアイコンタクトの長さがどれぐらいかを把握しておく必要があります。そして普段と比べて「何だかいつもより自分のことをじっと見ているな」と感じたら、ウソをついている可能性が大です。

一方、男性の側がウソをつくときに女性にばれないようにするためには、全部を作り話にはしないことです。つまり、基本的には事実を話し、隠したいところだけ脚色するのです。

たとえば恋人がいる男性が、ほかの女性とあるミュージシャンのライブに行ったとします。「ライブには親友と一緒に行った」とそこだけはウソをついて、あとは正直

に話します。すると「どうやってごまかそうか」と考えながら話さなくてはいけない部分が少なくなりますから、そのぶん女性から気づかれるリスクも低くなるというわけです。

しかし、それでも気づく女性は気づきます。女性は情報処理能力が高いですから、男性のちょっとした言動や表情の変化を見逃さずに、「きっとこの人、ウソをついているわね」と、すべてがお見通し状態になってしまうのです。

基本的には「女性にはウソをついてもばれる」と覚悟しておいたほうがいいでしょう。

18 メンタリスト流！　ババ抜き必勝法

ジョーカーは、終盤に差しかかったところで隣の人に引かせる

メンタリストの仕事をやっていて、ちょっと寂しいなと感じることがあります。それはカードゲームや麻雀のような心理的な要素が入るゲームに、誰も私を誘ってくれなくなること。

実は私は、麻雀についてはルールもよく知らない初心者なのですが、それでも「一緒にやるなんて無理」と断られてしまいます。

カードゲームや麻雀の場合、偶然の要素に左右される部分も大きいので、メンタリストといえども常に勝ち続けることはできません。しかし相手の表情やクセを読むことで、勝率を上げることはもちろん可能です。

ここではみなさんでもすぐできる「ババ抜きで負けない方法」について紹介しまし

ょう。

ババ抜きというとみなさんは、「いかに自分がジョーカーを取らないか」というゲームであると考えていると思います。しかし本当は「いかに適切なタイミングで、相手にうまくジョーカーを取らせるか」というゲームです。

ゲームの前半の時点で、ジョーカーが自分のところに来たとします。これはラッキーです。ゲームが終盤に差しかかるまで、できるだけ手元に置いておくようにします。

そしてあと数枚でアガリという時点になってから、自分が持っているジョーカーを隣の人に引かせるようにします。すると四人ぐらいでゲームをしていれば、そのあと再び自分のところにジョーカーが回ってくる確率は非常に低くなります。

つまり一位になれるかどうかは別として、最下位になる可能性はほとんどなくなるわけです。

では、どうすれば終盤になった時点で、思惑通りに隣の人にジョーカーを引かせることができるのでしょうか。これは相手のクセをつかむことです。

「この人は真ん中のカードは絶対に取らないな」とか「三回に一回ぐらいの割合で、

右端のカードを取っているな」といったように、カードの取り方は人によって必ず傾向があるものです。

その傾向を把握したうえで、自分の手持ちのカードが残り数枚になった時点で、相手がいちばん取る確率が高い場所にさりげなくジョーカーを置けば、実際に取ってくれる確率が高くなるわけです。

たとえば相手が、三回に一回の割合で右端のカードを取る傾向があるとすれば、ジョーカーを右端に置いておけば、一回目は思惑通りにいかなかったとしても、二回目か三回目にはかなりの高率で取ってくれます。

もちろん相手が気まぐれを起こして、別のカードを取ってしまうリスクもあります。けれども完全に運に任せてしまうよりは、確率論で勝負したほうが当然勝率は上がります。

じゃんけんで勝率を上げるテクニック

ちなみに私はじゃんけんについても、割と強いほうです。

じゃんけんで勝つ確率をちょっとだけ高めるためのテクニックの一つに、勝負をする前にさりげなく手をグーの形にして相手に見せると、相手はグーを出しやすくなり、指を立ててチョキに似た形をつくると、相手はチョキを出す確率が高くなるというものがあります。

相手はこちらの手の形を見るともなく見ているうちに、チョキならチョキの残像が無意識のうちに頭のなかに残ります。そして自分でもあまり意識しないままに、ついチョキを出してしまうわけです。そんな相手に対してこちらはグーを出せば、じゃんけんに勝つことができます。

ただしこれはあくまでも「じゃんけんに勝つ確率をちょっとだけ高めるテクニック」に過ぎませんので、過剰な期待はしないでくださいね。

19 意中の異性を射止めたいなら五月を狙え

異性を落とすのなら、五月がいちばん適している

一年のなかで、意中の異性をいちばん落としやすいのは何月だと思いますか。
「クリスマス前は誰でも恋人が欲しくなるものだから、やっぱり十二月かな」と思うかもしれません。けれども十二月は、その異性をほかのライバルたちも虎視《こし》眈々《たんたん》と狙っている時期ですから、競争率も高くなります。

クリスマス前は確かにカップルの成立数は多いかもしれませんが、敗れ去る人はそれ以上に多いのです。

異性を口説くのにいちばん適しているのは、実は五月です。五月は「五月病」という言葉があるように、新年度の四月に立てた目標や計画がうまくいかずに、多くの人の自己評価が下がる時期。そのため選ぶ異性のハードルも下がるからです。

たとえば、普段「自分は八〇点ぐらいだ」と思っている女性は、恋人にしたい男性に対しても八〇点以上を求めています。六〇点や七〇点の男性は相手にもされません。ところが自己評価が下がって五〇点ぐらいになっているこの時期は、六〇点や七〇点の男性でも恋人候補になれるわけです。しかも五月は男性も多くの人が自信を失っていて、女性にアプローチをしなくなりますから、ライバルの数が減るという好条件も加わります。

ただし、ここで注意が必要なのは、「自分自身はけっして五月病にならないこと」です。そのための方法は簡単。四月に目標や計画を立てるときに、確実に達成できそうなものを設定することです。

ある心理学の実験によると、人は自分の本来の能力よりもはるかに高く見積もって、目標や計画を立てることが明らかになっています。

その実験では、卒業論文の執筆を控えている学生たちに、「論文の執筆がすべて順調にいった場合と、何もかもうまくいかなかった場合とでは、それぞれ執筆時間に何日かかるか予想してください」と問いかけました。すると返ってきた答えは、「すべてがうまくいった場合」の日数は平均二七・四日間、「すべてがうまくいかなかった場合」は四八・六日間でした。ところが実際にかかった論文の執筆時間は、平均五五・五日間。「すべてがうまくいかなかった場合」の見積もりよりも、さらに多くの日数を要さないと論文を書き上げることができなかったのです。人が自分の能力をいかに過信しているかが、はっきりとわかる実験結果になりました。

ですから目標や計画は、五割引ぐらいで立てるといいでしょう。するとうまくいかずに落ち込むということがなくなりますから、自己評価も下げずに済みます。

恋愛相談に乗っているうちに、相手から好かれるワケ

「失恋をした異性の友達の相談に乗っているうちに、いつしか相手から好意を持たれてしまう」というのはよく聞く話ですが、これも五月だと異性が落としやすい理由とメカニズムはまったく同じです。

失恋をしたり、うまくいかない恋がずっと続いたりしている人は、自己評価が思いっきり下がった状態になっています。そんなときに自分のことを認め、じっくり話を聞いてくれる異性が現れたら、心を動かされるのはごく自然なことです。

自分が好意を寄せている人から、ほかの異性への思いを聞かされるのはつらいことではありますが、そこさえ乗り越えることができれば、恋愛相談に乗るのは悪いことではないと思います。

そのほかにも好きな異性が何かで失敗をするなどして、自己評価を下げていそうな時期は、アプローチのタイミングとして好機です。

また就職や転職、部署を異動になった直後なども、慣れない環境のなかで自信を失いがちですから、狙い目と言えるでしょう。

好きな人のことは、イヤでも毎日のように気になってしまうもの。「あれ？　最近なんか元気がないぞ」というふうに、ちょっとした変化にもすぐに気付くはずです。そのタイミングを見逃さずに、果敢にチャレンジすることが大切です。

20 ここぞという時に使いたい断られないデートの誘い方

ドア・イン・ザ・フェイステクニックで相手にＯＫと言わせる

好きな異性を初めてデートに誘うときには、誰だって「断られたらどうしよう」という不安が大きいものです。そんなあなたの不安を減らし、相手からＯＫをもらう確率を確実に高めるための方法があります。

その一つが、24ページで紹介したドア・イン・ザ・フェイステクニックです。これは、まず相手にハードルの高いお願いをして、相手が断ってきたら、すぐにもう少し簡単なお願いをすると、ＯＫをもらえる確率が高くなるというものです。

たとえば夕方に女の子に電話をかけて、「今日は仕事が早く終わりそうなんだけど、ご飯でもどう?」と誘ってみます。それで彼女がＯＫをしてくれたら大成功ですし、断られたとしても、めげる必要はありません。

「そうか……。じゃ、今度の週末はどうかな？」

と誘えば、前振りなしでいきなり週末の食事に誘うよりも、高い確率でＯＫをもらうことができます。

大義名分があると、人は説得されやすくなる

また人は、その行動を起こすための大義名分があると説得されやすくなります。

たとえば社内で一緒に働いている異性をデートに誘うのは、ほかの同僚の目が気になりますので、誘うほうも誘われるほうもけっこう勇気がいるものです。

けれども「この前、僕の仕事をサポートしてくれたお礼に、おいしいご飯をごちそうしたいんだけど、一緒にどう？」というふうに誘えば、大義名分が立つためにこちらも誘いやすいし、相手からＯＫしてもらいやすくなります。

また「○○さんって自転車が好きなんですよね。今度私も自転車を買おうと思っているんですけど、もしよかったら選ぶのを一緒につきあってくれませんか」というふうに、相手の趣味を大義名分にして誘うという手もあります。

ところが多くの人は、誘うときに大義名分を見つけるのをめんどくさがって、ストレートに勝負して玉砕《ぎょくさい》します。だから逆に大義名分を上手に提示できる人の成功率が上がるのです。

これは恋愛だけではなく、仕事も同じです。

たとえば家電量販店の店員が、ビデオカメラのコーナーを担当していたとします。そのコーナーで、三十代ぐらいの男性が、置かれている商品をぼんやりと眺めていました。

店員は「このお客さまには子どもがいそうだな。もうすぐ運動会のシーズンだから、それでビデオカメラを眺めているのかな」と考え、「このカメラだったら手ぶれに強いんで、お子さんが一生懸命走っているところを、きれいに撮れますよ」と男性に話しかけました。

すると男性も、「ちょっと値が張るけど、きれいに撮れるんだったら、子どもも嫁さんも喜んでくれるだろうな」という大義名分ができて、購入してくれる可能性が高くなるわけです。

再び恋愛の話に戻すと、大義名分は「初めて彼女をホテルに誘う」といった、もう少し関係が進んだときにも使えます。

いきなり彼女をホテルに誘ってしまうと、女性によっては「軽い女に見られたくない」という気持ちが先に立って、断られる場合もあります。

そこで「あのホテルの最上階にあるバーは、夜景が最高だから行ってみない？」というふうに、夜遅い時間にホテルに行く別の大義名分を作っておくと、たとえバーでお酒を飲んだあとの展開が容易に想像できたとしても、女性としては抵抗感がなくなるわけです。

こんなふうに大義名分は、少しぐらい無理があるものでも構いません。人はこれから自分がやろうとしていることに、理由を欲しがる生きものです。だからとにかくそれをする何らかの理由を、相手に与えてあげればいいのです。

21 スッキリ、サッパリ相手と別れる方法

相手のほうから別れを切り出すように仕向ける

恋愛関係は、ある日終わりを迎えることがあります。お互いに納得して別れられることができればいちばんなのですが、相手が自分に強く執着しているとき、別れ話はこじれがち。けれどもそんなときでも、できるだけ泥沼に陥ることなく関係を終わらせたいものです。

実はそのための方法は一つしかありません。それは「こちらから別れを切り出す」のではなく、「相手から別れを言い出す」ように仕向けていくことです。

具体的には、相手が自分に対して抱いている像とは正反対の像を見せることで、自分のことを少しずつ幻滅させていきます。相手は自分のことを「すごく魅力的な人」であり、「自分にぴったりで、ほかに代わりになる人なんていない」と思っているか

ら強い愛を抱いています。

　そこで相手にとって、「まったく魅力的ではなくて、相性も最悪な人間」に見えるように演じていくわけです。ひと言で言えば、「つまらない男」や「つまらない女」になるのです。

　普段のコミュニケーションも、イヤな奴に徹することが大事です。たとえば相手が何か話しかけても、「心、ここにあらず」のふりをして、「えっ、今なんか言った？」とか「ごめん、聞いてなかった」といった発言を繰り返します。相手が何か意見を口にしたときには、「でも」とか「そうは言うけど」といった反論の言葉で返すようにします。

　またメールのやりとりは、本来は相手が長いメール文を送ってきたときにはこちらも長いメールで、短いメール文のときには短いメール文で返したほうがいいのですが、ここではまったく逆のことをします。

　長いメール文のときには、こちらはわざと短くて素っ気ないメール文を返信し、短いメール文のときには、内容が全然かみ合っていない長いメール文をだらだらと送ることで、相手の期待や興味を削《そ》いでいくのです。

さらにケンカになったときには、「そういえばあなたはあのときもそうだったし、このときもそうだった。いつもそうだよね」というように、過去のイヤな思い出をわざと持ち出します。

こうしたことをするのは、こちらもかなりのエネルギーを使うことです。だから後腐れなく別れられそうな相手にまでこれをやる必要はありませんが、こじれそうな相手に対しては間違いなく有効です。

最善のストーカー予防策は、自分の希少価値を下げること

「つまらない男」や「つまらない女」を演じるのは、ストーカー予防にもなります。ストーカーが一人の人間を執拗《しつよう》に追いかけるのは、相手を好きだからではありません。所有したいからです。

本当に好きならば、相手が何をしたら喜ぶかをいちばんに考えるものです。しかしストーカーは、相手が嫌がることや怖がることでも、躊躇《ちゅうちょ》せずに行うことができます。相手の幸せや笑顔ではなく、自分がその人を手に入れることだけに意識が向いて

いるからです。

では、なぜ所有したいのかというと、そこに希少価値を感じているからです。希少価値は、今まで「自分のものだ」と思っていた彼や彼女が離れていったり、誰かに奪われたりしたときに高まります。

子どもがおもちゃを取り上げられると、急に泣き出して必死に取り返そうとするのと同じです。自分のものではなくなると思った瞬間に、おもちゃが惜しくなってしまうのです。

つまり対策としては、別れる前に思いっきり自分の希少価値を下げておけばいいのです。どこにでもいる「つまらない男」や「つまらない女」になってしまえば、相手はけっしてあなたのことを追い回したりはしません。

22 恋人や夫婦間で、ケンカをしてしまったときの関係修復法

行動を指摘するのはいいが、人格を責めてはいけない

恋人や夫婦として長くつきあっていると、ささいな行き違いでケンカになってしまうのはよくあることです。それ自体は仕方がないとして、気をつけたいのは、お互いに感情的に後を引くようなケンカにしないことです。

ケンカのときに一番こじれてしまうのは、勢い余って相手の人格を否定してしまったときです。相手の行動を責めるのはいいですが、人格を責めてはいけません。

たとえば奥さんが、いつも服を脱ぎ散らかしている旦那さんに対して、「服を脱いだら、ちゃんとたたんでしまってほしい」と言うのと、「そういうだらしがないところがダメなのよ。育ちがわかるわね」と言うのとでは、旦那さんはどちらが深く傷つき、腹が立つかというと、当然後者のほうです。

前者の場合は、「脱いだ服を脱ぎ散らかす」という行動を直すことを求められているだけですが、後者については、「おまえの性格を直せ。まあどうせ直せないだろうけど……」と言われているわけですから、自分の人間性そのものを否定されたような気になります。

もし、ケンカのたびに人格を否定する言葉を浴びせられたら、旦那さんの奥さんに対する気持ちは確実に離れていきます。人格に対する否定的な言葉を多く言い合っている夫婦ほど、離婚率は高くなります。

だからどんなに怒っているときでも、相手の人格を否定する言葉はけっして言わないことです。そしてつい口にしてしまったときには、できるだけ早く素直に謝ることが大事です。

ＩではなくＷｅで話すと、ケンカになりにくい

最近は共働き家庭がほとんどでしょうから、家事を夫婦で分担しているケースも多いと思います。

旦那さんが料理や掃除に不慣れな場合、奥さんとしては見ていてイライラすることでしょう。つい「そのやり方は違う。もっとこうしないとダメ」と口にしてしまいがちです。

けれども人は、自分がやっていることを真っ向から否定されると、たとえ言われたことが事実であっても、素直に受け入れられないものです。

これが仕事であれば、上司やお客さんから言われたことには従うしかありませんが、夫婦のような遠慮のない関係の場合、旦那さんは思っていることが素直に顔に出て、つい奥さんに対して不服そうな態度を示します。すると奥さんは、その態度にさらにイライラを募らせることになります。こうしてお互いの感情に火がついて、ケンカに発展するわけです。

これを避けるには、「○○をするときには、こうしたほうが効率的だと思うんだけど、どうかな?」というふうに、相手に同意を求めるような話しかけ方をすると、旦那さんも素直に耳を傾けてくれます。

また、お互いにケンカになりかねない話題ほど、I(私は)ではなくWe(私たちは)を主語にして話すことも大切です。

「私は今仕事がこういう状況だから、あなたには○○をしてほしい」というように、Ｉ（私は）を主語にして話すと、「俺だって今仕事がこうだから、そんなのは無理だよ」と相手に反発されて、対立関係に陥りやすくなります。こちらがＩで話すと、相手もＩで返してきます。

けれども、「私たちの今の状況を考えると、私が○○を担当して、あなたが△△を担当するといいんじゃないかと思うんだけど、どうかな？」というふうにＷｅ（私たちは）で話すと、相手もＷｅでその問題について考えます。お互いに冷静な話し合いになりやすいわけです。

さらに「もうすぐ生まれてくる子どものことを考えると、こうしたほうがいいんじゃないかな？」といったように、大義名分（ここでは子どものため）を入れるとより効果的です。大義名分を出されると、相手は反論できなくなります。また「いや、でも子どものためには、ほかにもこういうやり方もあるよね」といった建設的な話し合いになりやすいというメリットもあります。

ほんのちょっとした言葉がけの仕方一つで、人間関係は良くなったりも悪くなったりもしますから、十分に気をつけたいものです。

23 心理学フル活用！ 理想のデートコース

一緒に身体を動かすドキドキが、恋のドキドキに結びつく

初デートのときには、どんなデートコースにするか悩みますよね。もちろん相手に行きたい場所があるのなら、そこに行くのがいちばんですが、そうでなければ、スポーツのように一緒に身体を動かせることに相手を誘うことをオススメします。

「吊《つ》り橋効果」という言葉を聞いたことがある人は多いと思います。高い吊り橋を渡るときには、恐怖感から心臓がドキドキしますが、そのとき異性と一緒だと、吊り橋を渡るドキドキを恋をしたときのドキドキと勘違いして、相手に恋愛感情を抱きやすいというものです。

「本当かな？」と思われるかもしれませんが、これはカナダの心理学者による実験で実証されています。アロンとダットンは、独身男性を二つのグループに分け、一つのグループには揺れる橋を、もう一つのグループには揺れない橋を渡ってもらいました。そして橋を渡りきったところに若い女性が待っていてウソのアンケートを行い、「結果が気になったら電話してください」と言って、自分の電話番号を渡します。

すると、揺れない橋を渡った男性は一割程度しか電話をしなかったのに対して、揺れる橋を渡った男性のほとんどがこの女性に電話をしたのです。

この吊り橋効果と同じような効果が、一緒に身体を動かすことによっても期待できます。身体を動かすと心拍数が上がってドキドキするので、「あれ？　やっぱりこの人のことが好きなのかも？」と、相手は錯覚しやすいわけです。

また「二人で」「身体を動かしてドキドキ」というのは、愛し合っている恋人同士がベッドのなかで行う〝あれ〟と同じです。もちろん初デートのときからそんなことは起きないにしても、あのことを無意識のうちに相手に連想させる効果があると考えられています。

ちなみに遊園地のジェットコースターに一緒に乗るというのも、吊り橋効果としては期待大ですが、人気のアトラクションの場合は待ち時間が長いことがマイナスです。その間、会話が持つだろうかという不安があるからです。喋るのが得意で、初デートのときからとにかくいろんな話がしたいという人であれば、「ドキドキ＋おしゃべり」ができるわけですからオススメですが、そうでない人は避けたほうがいいでしょう。

その点、テニスやゴルフといったスポーツを一緒にやるのであれば、会話もそのことについて話せばいいので、話題に困ることがありません。話し下手の人でも安心です。

暗い場所に一緒にいると、自然と二人の距離が近づく

さて、そうやって昼間は吊り橋効果を利用して二人の距離を縮めたうえで、夜になったときに活用したいのが、「暗闇効果」です。

人は暗い場所に入ると、お互いの存在を確認するために、なるべく寄り添い合おうとします。これは異性に限らず同性同士でも同じです。

身体の距離と心の距離はリンクします。暗闇のなかで身体の距離が近づくと、相手は62ページで説明した認知的不協和によって、「この人とこんなに近い距離で一緒に

いるのは、親しい関係だからなんだ」と考えようとします。そして実際に一緒にいる相手に対して、親密な感情を抱きやすくなるわけです。これが暗闇効果です。

ただし一緒に夕飯を食べることになったときに、いきなり最初から暗い場所に連れて行くと、いかにもな感じで相手に警戒されるかもしれませんから、ご飯はオープンな雰囲気の場所で食べるといいでしょう。そして二軒目に、ちょっと暗めの落ち着いたバーに行くというのがベストです。

バーで座るのは、断然テーブル席よりもカウンター席。テーブル席だと、テーブルを挟んで向かい合う形になりますから、二人の距離は離れます。

けれども、カウンター席の場合は横並びに座りますから、二人の距離は自然と近づくわけです。しかもカウンターだと、お互いに顔を向き合わせながら話さなくていいので、緊張もしなくて済みます。

ちなみにこれは余談ですが、二人の身体的&心理的距離のことを考えると、初デートでどこかに行くときの交通手段は、車よりも電車のほうがいいかもしれません。長椅子タイプの電車の座席だと、二人がより近い距離で横並びで座れるからです。

その点、車だと二人の距離がちょっと離れてしまいます。また、男性が運転をする場合、男性の脳は同時に複数のタスクを処理するのが苦手なので、運転に集中するあまり会話がつまらなくなってしまう傾向があります。ですから「男性が運転している姿を見るのが大好き」というタイプの女性が相手の場合は別として、初デートは電車のほうが無難です。また車だと、夕食後にバーでお酒が飲めなくなってしまうという弱点もあります。

話が脱線してしまいました。

ともあれ初デートのときは、最後はバーのカウンターで締めるというプランで、ぜひ計画を立ててみてください。「暗い場所で、寄り添いながら、リラックスして話すことができる」なんて、言うことなしのシチュエーションです。

24 男女別スべらないほめ方、相談の乗り方

男性は解決脳、女性は共感脳でできている

「私はあなたにアドバイスを求めているわけじゃないの。話を聞いてほしいだけなの！」

これ、多くの男性が女性から言われたことがある言葉ではないでしょうか。

男性は人から相談を持ちかけられたとき、一生懸命解決案を考えようとします。そして自分なりに答えを探し出してアドバイスをします。ところが相談をしてきた女性は、男性のアドバイスに感謝をするどころか、むしろ不機嫌になります。

これは男性脳と女性脳の違いによるものです。一般に男性が人に相談するときは、解決案を提示してくれることを求めています。一方、女性は「ああ、それわかるよ。大変だよね」というふうに、共感してくれることを相手に求めています。男性は解決

脳、女性は共感脳と言ってもいいでしょう。この脳の違いがわかっていないと、男女のすれ違いが起きやすくなるわけです。

男性が女性の相談に乗るときには、「うんうん」とか「ああ、なるほど」といった合いの手は入れながらも、基本的には相手の話をじっくりと聞いてあげることが大切です。途中で口を挟みたくなったとしても我慢します。

そして話を聞きながら、「彼女は何に悩んでいて、どんなところに共感してほしいのかな」と考えます。そのうえで彼女が一通り話し終えたあとに、共感してほしいポイントを押さえたコメントをすれば、「この人は私の悩みをわかってくれている。話を聞いてくれてありがとう！」となるわけです。

ちなみに、男女間でコミュニケーションのすれ違いが起きて、女性が怒り出したときには、男性は「女って、なんて感情的な生きものなのだろう」と考えがちです。

しかし「女性＝感情的」という思い込みは、実は間違いです。むしろ男性のほうが衝動に弱くて、自己コントロール能力が低いことが科学的にも明らかにされています。

女性の体内では、プロゲステロン、オキシトシン、エストロゲン、テストステロンの四種類の性ホルモンが分泌されており、生理周期によってそれぞれのホルモンの分泌量が変わってきます。

性ホルモンはその人の気分や感情に大きな影響をもたらすのですが、女性はホルモンの分泌量の変化による感情の起伏を一生懸命抑えながら、心のバランスをとっています。それだけ自己コントロール能力が高いわけです。

一方、男性の体内に分泌される性ホルモンは、（テストステロンなどの）アンドロゲンの一種類。分泌量も常に一定です。

そのぶん普段は気分や感情が安定していても、何かあったときには、自己コントロール能力が鍛えられていないために衝動的な行動に走りやすいのです。

男女関係にしても、つい魔が差して浮気をしてしまうのは、男性のほうが圧倒的に多いのはそのためです。一方、女性の場合は、覚悟を決めて浮気をします。ある意味浮気ではなくて本気です。

ですから男性は、女性と会話をしているときに相手が急に怒り出したとしても、「だから女性は感情的なんだ」とは考えないようにしてください。きっと男性脳と女性脳の違いを理解できていないあなたのコミュニケーションの仕方に、問題があるはずだからです。

男性には結果をほめ、女性にはプロセスをほめる

男性脳を持つ男性と、女性脳を持つ女性とでは、相手をほめたり認めてあげたりするときの「ほめポイント」も違ってきます。

前に「男性は自分のプライドのためにウソをつく」と述べましたが、男性にとってプライドを保つことは、それぐらい大切なことです。

ですからあなたが女性で、夫や彼氏を上手にほめることで喜んでもらいたいなら、相手が何にプライドを持っているかをまずは把握することです。そして、その部分を「すごいよね」「尊敬しているよ」とほめてあげるのです。

あなたが男性で、妻や彼女を上手にほめたいのならば、ポイントはやはり「共感」。たとえば彼女が会社の仕事で、自分が担当したプロジェクトをみごと成功させることができたとします。

こんなとき男性をほめるのであれば、「あなたは実力があるからね。すごいよ」で

いいのですが、女性の場合はこれではダメ。「あんなに一生懸命だったもんね。がんばり屋だから、絶対にうまくいくと思っていたよ」というふうに、相手への共感を表すほめ方をするのです。

男性は、「自分が手に入れた結果や、その結果を手に入れるために発揮した能力」をほめられると喜びます。

一方、女性は「結果を得るために費やした努力や手間、思いや姿勢」をほめられると喜びます。この男女の違いがわかるようになると、あなたのほめる力はぐんとアップします。

25 ウソのサインは「手」に表れる

人はやましいことがあるとき、手のひらを隠す

「目は口ほどにものを言う」と言いますが、実は目以外にもう一つ「口ほどにものを言う」ところがあります。それは手のひら。相手がウソをついているかどうかを確認したいときには、ぜひ手のひらの動き、状態に注意してみてください。

人はリラックスしているときや、心にやましいことがないときには、自分の手のひらを相手に無防備に見せることができます。逆に緊張しているときやプレッシャーを感じているとき、触れられたくない話題になったときには、無意識のうちに手のひらを隠そうとします。表にしていた手のひらを裏返して手の甲を見せるようになり、最終的には手そのものを隠すのです。

また、人は暑いときには手の甲に汗をかきますが、緊張しているときには手のひらに汗をかきます。

ビジネスの場面では、握手のときを除くと、相手の精神状態を確認するために手のひらを触るというのはなかなかできないでしょうが、相手が家族や恋人であれば可能です。ぜひ試してみてください。

さらに私たちは緊張すると、鼻を触ったり顎に触れたり、目をこすったりというように、自分の顔や体を手でせわしなく触るようになります。

これは触ることによって、自分の気持ちを落ち着かせようとしているからです。逆にリラックスしているときも、手で顔に触れることがありますが、その場合は口元にずっと手を置いているというように、一カ所を触ったままになります。

なぜその人の精神状態が、手の動きになって表れやすいかについては諸説がありますが、手にはたくさんの神経が集中していることが大きいと思います。だから怒ったときには拳を握りしめてしまうといったように、無意識のうちにそのときの感情を手の動きによって表現しやすいのです。

状況証拠を積み上げて、ウソかどうかを判断する

ただし注意が必要なのは、手のひらを隠したり、自分の顔や体を手で触る回数が増えたりするのは、あくまでも緊張やプレッシャーを感じているときのしぐさであって、ウソをついているとは限らないということです。他に別の理由があるのかもしれませんが、緊張なりプレッシャーなりを感じているのは事実。ですからそれまではテーブルの上に手を出して話していた人が、ある話題になった途端に、ここで挙げたしぐさを急にやりだしたとしたら、「これは何かあるな」と思ったほうがいいでしょう。

そこで手のひらの動きと同時に、90ページで話したように、相手の声のトーンや口数についてもチェックしてみます。また後ほど述べますが、相手の目の動きも観察してみるといいでしょう（98ページ）。そのうえで「この話題についてはやっぱり何かウソをついていそうだな」と推理を働かせるわけです。

残念ながら手の動きだけで、相手のウソを決定的に見破ることは不可能です。状況証拠を積み上げていくことによって、総合的に判断していくしかないのです。

第3章　どんな状況にも動じない自分に変わる

26 シャイなあなたも、このトレーニングで あがり症を克服できる

交差点の真ん中で「君が好きだ」と叫ぶ

大事な場面になればなるほど、ガチガチに緊張して、思っていたことの半分も話せなくなってしまう。こういうあがり症で悩んでいる人が、世の中にはたくさんいます。

こんなことを言っても信じてもらえないでしょうが、私もかつては極度のあがり症でした。緊張しているときには、人と目を合わせることさえできなかったぐらいです。けれども今ではテレビに出るときも、セミナーなどで大勢の前で話すときも、まったくと言っていいほどあがらなくなりました。そこで、私がどうやってあがり症を克服したかについてお話ししましょう。

私のやり方は、かなりの荒療《あらりょう》治《じ》でした。「一日一回、死ぬほど恥ずかしいことを人

前でやる」というものだったからです。これを一カ月間続けたところ、どんな場面でも平常心を保つことができるようになりました。

私がやった恥ずかしいことの一つに、渋谷のスクランブル交差点の真ん中で、「僕は○○ちゃんのことが大好きだ！」と、当時好きだった女の子の名前を叫ぶというのがありました。

またコンビニで買い物を済ませて店を出たあとに、すぐにまたその店に戻り、店員さんに向かって「この顔を見なかったか」と自分の顔を指さしてたずねるというのもやりました。そして呆気《あっけ》にとられている店員さんに、「馬鹿野郎、そいつがルパンだ！」と叫ぶのです。『ルパン三世』好きの方ならピンと来られたと思いますが、これは映画『ルパン三世　カリオストロの城』での銭形警部の名ゼリフです。

人があがるメカニズムとは？

こんなふうに一日一回恥ずかしいことをやっていると、どんどん度胸がついてきます。死ぬほど恥ずかしいことをやったとしても、「実際には死なないどころか、日常生活にも何の支障もない」ことに気づくからです。

実はあがり症の人のうち、「過去に大失敗をしたことがトラウマとなって、それであがり症になってしまった人」はあまりいません。むしろ「これまで人前で話したり、何かをしたりする経験がほとんどなかったために、人前に出るとあがってしまう人」がほとんどです。

つまり未知のことや、予測がつかないことに対する不安感から、人はあがってしまうのです。

ですからあがり症のいちばんの克服法は、場数《ばかず》を踏むことです。するとちょっとぐらい緊張を強《し》いられる場面に直面しても、「あのとき経験した恥ずかしさに比べれば、こんなものはたいしたことではない」と思えるようになります。また「失敗しても、まあそんなに大変なことにはならないだろう」と気楽に構えられるようにもなります。だからみなさんも、普段からたくさん恥ずかしいことをやって、場数を踏むようにしてください。

とはいえ、いきなり交差点の真ん中で「大好きだ！」と叫ぶのは、ちょっとハードルが高すぎるかもしれません。「馬鹿野郎、そいつがルパンだ」と店員さんに言うのも、相手に迷惑をかけてしまいます。そこでまずは、コンビニの店員さんにあいさつをしてみるところから始めてはいかがでしょうか。

私のオススメは、単語帳のようなカードに「電車のなかで席を譲る」「ちょっと敷居が高そうな店で試着をする」「八百屋や魚屋で値切り交渉をしてみる」といったことを書いておき、一日一回シャッフルをして引き、出てきた項目を実践するというやり方です。これならハードルはそんなに高くありませんし、ゲーム感覚であがり症克服のトレーニングを積むことができます。

「失敗してもOK」と考えよう

あがり症の克服のために、「一日一回恥ずかしいことをする」とともに、並行して取り組んでほしいことに「瞑想《めいそう》」があります。

あぐらを組んで姿勢を正し、目は軽く閉じておくか、一点を見つめるようにします。そして呼吸の回数を一分間で四回から六回ぐらいにまで落とします。これを一回五分、毎日続けるうちに、次第に自己コントロール能力が高まっていきます。少々のことがあっても、動じなくなります。

もう一つあがり対策として有効なのが、何かに取り組むときには「失敗するのもOK」と考えるようにしておくことです。

私の場合でいえば、テレビでパフォーマンスをするときには、普通に考えれば絶対に失敗が許されない場面です。でも私は失敗してもいいと思っています。

私のパフォーマンスについては、「どうせヤラセなんじゃないか」と思っている人がけっこういるみたいです。けれどもそうした人も、私が失敗をすれば「ヤラセじゃなくて、ガチでやっているんだな」と気づいてくれます。つまり成功しても失敗しても、どっちに転んでも私にとってはプラスなので、あまり緊張せずに本番に臨むことができるわけです。

みなさんの場合は、「失敗したら失敗したで、それを糧《かて》にすればいい。人は失敗しながら成長するものだ」と考えるようにしておけばいいのではないでしょうか。

「一日一回恥ずかしいことをする」「一日五分、瞑想する」「失敗してもOKと考えるようにする」。こうしたことによって、あなたもあがらない人間になることができるはずです。

27 緊張を自信に変える「As ifの法則」

自信ありげに振る舞うと、本当に自信が湧いてくる

人が緊張をするのは、自信がないことに対してです。

たとえば大事なプレゼンの場面でも、「この提案を聞いたら、みんな諸手をあげて賛成するに違いない」という絶対的な自信があるときには、人はあまり緊張しません。

けれども同じ人物でも、「もしみんなから、自分の提案を否定されてしまったらどうしよう」という不安があるときには、強い緊張感を覚えます。

では「自信はないんだけど、緊張はしたくない」というときには、どう対処すればいいのでしょうか。

それはたとえ自信がなくても、それでも自信ありげに振る舞うことです。なぜなら自信ありげに振る舞っているうちに、本当に自信が湧いてきて、緊張感もなくなるものだからです。

心理学者のリチャード・ワイズマンは、「As ifの法則」という理論を提唱しています。「As if」とは、「〜のように」という意味です。さまざまな実験結果をもとに、「○○のように行動すると、本当に○○にようになる」という説を唱えました。

たとえば、恋人同士のように振る舞うと本当に二人の間に恋愛感情が生まれるし、高価なビジネススーツを着ると自分ができるビジネスパーソンのように感じるようになる、というのです。

行動を変えることで、心が身体に騙される

人間の心と身体は密接につながっています。だから人は緊張すると、身体が反応して心拍数が上がります。

これは逆もまた然りです。私たちは心拍数が上がっていることに気がつくと、「あれっ？　もしかしたら今、自分は緊張しているのかも」と意識をするようになり、本当に緊張し始めるということが起きるのです。脳が自分の身体の状態を感知して、心

に影響を与えるわけです。

自信はないけれども緊張したくはないというときは、この作用を利用すれば効果てきめんです。あたかも自信があるように振る舞うことで、「自分は自信満々なんだな」と心を騙すことができます。

たとえば大事なプレゼンの日には、前述したように高いビジネススーツを着てみるというのもいいでしょうし、プレゼンの達人と呼ばれたスティーブ・ジョブズの格好や振る舞いを真似してみるのもいいでしょう。人前に立つときに、ピンと背筋を伸ばし、堂々と胸を張るだけでも気持ちはまったく違ってきます。

また「これで自分のプレゼンが通らなかったら、それは周りの人間の見る目がなかったということだ」といった大口をワザと叩くのも、「今回のプレゼンの内容はすごいんだぞ」という自己暗示をかけるという意味でアリだと思います。

ちなみに昔から「緊張しているときには、手のひらに『人』の字を書いて飲み込むと落ち着く」と言われてきましたが、これは逆効果です。こんなことをしようと考えるのは、緊張しているときだけです。つまりこれをやることは「私は今、緊張しているんだな」ということを、ますます自分に意識させてしまうだけになってしまいます。

28 成果を上げたいなら、毎日三〇分身体を動かそう

脳は運動によって活性化する

もし、私がたくさんの社員が働く会社を経営するようなことがあったとしたら、ぜひ就業規則のなかに取り入れたいと思っているのが、毎日三〇分の運動です。

私たちは身体を動かすと、ＢＤＮＦ（脳由来神経栄養因子）といって、脳内の神経細胞の働きを促進する物質が分泌されます。ＢＤＮＦには、脳内で新しい神経を作ったり、神経を成長させたり、神経と神経を結びつけたりといった機能があります。ＢＤＮＦが増えれば、記憶力や学習能力が高まります。逆にＢＤＮＦが低下すると、うつ病や不安障害といったメンタル不全に陥りやすいことも明らかにされています。

そして、ＢＤＮＦを増やすためにいちばん効果的だとされているのが、毎日の適度な運動なのです。ですから、私が何人もの社員を抱える会社の経営者だったら、業務

の一環として社員に運動をさせます。その間は仕事がストップしたとしても、長い目で見ればそのほうが効率がアップするし、成果も上がるはずだからです。

ただし現実には多くの会社では、社員に毎日運動をさせたりはしませんから、自分で身体を動かす時間を作ることが大切になります。

運動といっても、そんなに激しいものは必要ありません。出勤前に一日三〇分、早歩きで散歩をするだけでも十分です。また、会社と自宅の距離がそれほど遠くないのなら、電車通勤や自動車通勤をやめて、自転車通勤に切り替えるのもオススメです。

人は軽い運動をすると、その三〇分後ぐらいから集中力が非常に高い状態になり、それが四時間持続します。だからこそ、身体を動かすのなら出勤前の三〇分が効果的です。

どんなに忙しい人でも、一日三〇分の時間ぐらいは取れるはずです。多くの人は仕事が終わって家に帰ると、毎日一時間や二時間は、だらだらとテレビを見たりとか、お酒を飲んでしまったりといったムダな時間を過ごしているものです。そこで「お酒を飲むのは夜一〇時まででやめる」といったふうにルールを作れば、朝三〇分身体を動かすための時間ぐらいは簡単に捻出できます。

どうしても運動をする時間を作れない人は、日常生活のなかでエレベーターやエスカレーターに乗るのをやめて、階段を使うようにすればいいと思います。エレベーターを階段に切り替えるだけでも、ダイエット効果があることが最近証明されています。それぐらいの運動量になるということです。

仕事中でも、立ったり歩いたりを心がけよう

脳を活性化させるために、もう一つ効果的なのが立ち仕事です。人は一五分も座り続けていると、すぐに思考力が低下し、仕事の生産性が落ちることが明らかになっています。逆に立ったり歩いたりしているときは、個人差はありますが五～三〇％程度思考力が上昇します。

そうしたこともあり、最近ではオフィスのなかに立ったまま仕事ができるスタンディングデスクを導入する会社も増えてきました。ぜひみなさんの会社でも取り入れることをオススメします。それが難しい場合は、仕事中でも時々意識的に立ったり歩いたりすることを心がけてください。

29 締め切り前の散歩がいいアイデアを連れてくる

締め切りが迫っているときほど、関係ないことをしてみる

締め切りがある仕事をしている人であれば、「期限が間近に迫っているのに、壁にぶち当たって全然良いアイデアを思いつかない」とか、「作業量がたくさんありすぎて、とても期日までには終わらせられない」といった経験をしたことがあると思います。

まさに絶体絶命のピンチです。上司や取引先からは「期待しているよ」とか「間に合うよね?」といったプレッシャーをかけられますし、気持ちばかりが焦ります。

しかし、人は極度のプレッシャーを感じると、視野が狭まり、思考が単純化することが、さまざまな心理学の実験でもわかっています。

つまり「何とか突破口を見つけなければ」と焦れば焦るほど、良いアイデアを思いつかなくなってしまうのです。

こんなとき大切なのは、自分の脳を一度プレッシャーから解放してあげること。

そのコツは、今かかわっている仕事とはまったく関係ないことを始めることです。私であれば身体を動かしたり、買い物に行ったり、掃除をしたりといったことをよくします。カフェで一服するとか、書店に行くというのもいいですね。

買い物をしているときでも、脳は勝手に考えてくれている

買い物をしている間は、「何を買おうかな」ということに夢中になりますから、プレッシャーからは解放されます。

けれども脳はその間も潜在意識では、しっかりと自分が抱えている仕事について考えています。つまり締め切り仕事と直接関係ないことをすることで、脳に対して、プレッシャーのないリラックスした状態で、その仕事について考えさせる環境を整えてあげるのです。

よく、優れたアイデアは、お風呂に入ってのんびりしているときや、一晩寝て目が

覚めたときなどに急にひらめくといいます。これも私たちが別のことをしている間に、脳が勝手に考えてくれているからです。

たとえば画家のダリも、絵の着想を得たいときにはわざと睡眠をとるようにしていたそうです。

長椅子の下の床にグラスを置き、自分は指にスプーンを挟んだまま長椅子に横たわります。するとうつらうつらし始めた頃に、指の力が抜けてスプーンが落ち、床のグラスに当たって音がします。その音で目覚めたダリは、眠りかけの無意識の状態のときに心に浮かんでいたことを、新たな作品のヒントにしようとしたといいます。

ですから、たとえ締め切りが明日の朝で、残り時間が半日しかなかったとしても、行き詰まったときには別のことをしたほうがいい。ダリのように仮眠をとるのもOKです。すると気分転換をしている間に、「これは、今夜は徹夜になるな」と思っていたような仕事でも、アイデアが浮かんできて、結果的には早く終わらせることができるかもしれません。

なかには「締め切り仕事と別のことをやってしまうと、さらに残り時間が短くなってしまうんじゃないか」と不安になる人もいるでしょうが、大丈夫です。なぜなら

「締め切り効果」といって、人は締め切り直前になると集中力が増し、普段よりも効率的に仕事に取り組むことができるからです。

そもそも人は、二十四時間ずっと集中し続けることは不可能です。必ず気持ちが緩んでしまう時間帯があります。

だったらその時間は、だらだらと中途半端な状態で仕事に取り組むのではなく、思い切って休憩してしまったほうがいいのです。

行き詰まっていた仕事でも、アイデアさえ見つかればこっちのものです。あとは締め切り効果の助けを借りながら、一心不乱に仕事に打ち込めばいいからです。

締め切りは、人を時間的に追い込みます。けれど時間的に追い込まれても、精神面まで自分を追い詰めてはいけません。

30 食べ物を使って、自分のやる気を高める方法

低GI食品を選ぶと、集中力が持続する

仕事がはかどらなかったり、集中力が続かなくなったりしたときに、気分転換に買い物に行く人は多いと思います。そして、ついいろんなものを買ってしまう……。でもどうせ買うのなら、その後の集中力アップにつながるものを選びたいもの。

私のイチオシは、大豆バーや玄米、ナッツのような低GIと呼ばれる食品です。GIはグリセミック・インデックスの略で、食後の血糖値の上昇のしやすさを示す指標のことです。GIが高い食品ほど食後の血糖値が急激に上がり、低い食品ほど上昇が緩やかになります。

42ページでも述べましたが、人は血糖値が上がっている間は、ウィルパワー（意志力）といって、判断力や集中力が高まります。

高GI食品を摂取すると、確かに血糖値は一気に高まりますが、落ちるのもあっという間です。私たちは疲れてくると、ついケーキやドーナツといった砂糖たっぷりの甘い食べ物が欲しくなります。

けれども砂糖は高GI食品ですから、間食をしている間ちょっと休憩をして、「そろそろ仕事を再開しよう」というときには、すでに血糖値が上昇から下降に転じている可能性があるわけです。それに糖分の摂りすぎは、肥満や糖尿病の要因にもなります。

一方、低GI食品であれば、徐々に集中力を高めながら、仕事を軌道に乗せていくことができます。

糖分を口に含ませるだけで、脳はやる気になってくれる

しかし、それでもなかには、「やっぱり疲れたときは糖分が摂りたい」という人もいるかもしれません。そういう人のためにとっておきの方法があります。

ジョージア大学のレナード・マーティン教授は、学生を二つの実験グループに分

け、一つのグループの学生には砂糖の入ったレモネードで口をゆすがせ、もう一つのグループには人工甘味料で甘みをつけた液体で口をゆすがせたうえで、集中力を必要とする問題に取り組ませました。

すると前者のグループのほうが、後者よりも高得点をあげたのです。

つまり糖分を体内に摂取せずとも、口のなかをゆすぐだけで、十分に集中力アップの期待ができるわけです。これだったら肥満の心配をする必要もありません。

マーティン教授はこの結果を、「糖のなかのグルコースを口に含むことによって、脳内の目標達成ややる気に関係する部分が刺激されるのではないか」と分析しています。

ということはレモネードに限らず、砂糖などのグルコース（ブドウ糖のこと）が含まれた飲み物を口に含めば、集中力をアップさせることができます。逆に実験結果からもわかるように、人工甘味料によって甘さをつけた飲み物は、グルコースが含まれていないため効果は望めません。

「グルコースを口に含むことによる集中力アップ」は、残念ながら時間的な持続効果については不明です。短時間で効果が切れてしまうことも考えられます。

そこで、これを「どうしてもやる気が起きない」というときに、再び集中力を取り戻すためのきっかけ作りとして利用してほしいと思います。

レモネードなどの飲み物を口に含んで、ちょっとだけやる気が出たところで、一気に作業に取りかかります。私たちは何か作業を始めると、脳の中の側坐核という部分が刺激を受けて、ドーパミンというやる気に関するホルモンが出てくるようになります。このドーパミンによって「ちょっとだったやる気」が、やがて「すごいやる気」に変わっていくのです。

そうなるための最初の一歩として、集中力が途切れそうになったときには、グルコースが入った飲み物を口に含んで、軽くゆすぐことをオススメします。

31 会社のノルマがつらくなくなる方法

他者から目標を与えられると、人はプレッシャーを感じる

同じ目標でも、自分で目標を設定したときと、人から目標を与えられたときとでは、プレッシャーはまったく違ってきます。たとえば自分自身で「一日一本アイデアを考えて、ノートにメモすることにしよう」という目標を立てたとします。

こういうときは、「たくさんアイデアを考えるなかから、もしかしたらすごい企画が生まれてくるかも」と、ワクワクする気持ちが強くなります。

けれども、もし上司から「一日一本アイデアを考えて、毎日提出するように」と指示されたら、仕事自体は同じはずなのに、イヤな気持ちになるはずです。

つまり、人は自主的に行動しているときには楽しみながらできることでも、他者から押しつけられたことについては、プレッシャーを感じるようになるわけです。

これは自分で設定した目標については、「それをやり遂げたときには、どんな素晴らしい未来が待っているだろう」と、ポジティブな方向に意識が向かいやすいのに対して、人から設定された目標については、「もし期待や責任に応えられなかったら、まずいことになるな」というように、ネガティブな意識を抱きやすいからです。

他者から与えられた目標は、正確にいうと、目標ではなくてノルマ（＝こなさなくてはいけない課題）です。だからプレッシャーを覚えます。一方自分で設定した目標は、文字通り目標（＝自分がやりたいと思っていること）です。だからワクワクします。

会社が課したノルマとは別に、自分の目標を設定する

このメカニズムをきちんと理解しておくと、プレッシャーとの上手なつきあい方が見えてきます。

たとえば営業マンであれば、会社から売上目標などのノルマを与えられることが多いと思います。

プレッシャーとのつきあい方が下手な人は、会社のノルマをマジメにクリアしよう

とします。けれども「売りたい」という気持ちが強いと、お客さんは敏感に察知します。「お客さんのため」ではなく「自分の売上を伸ばす」ことに意識が向いている営業マンから、お客さんは商品を買おうとは思いません。その結果、契約を結ぶことができず、さらにプレッシャーを感じるようになります。

プレッシャーは人の視野を狭め、思考を単純化しますから、商品を売るためのアイデアも浮かばなくなり、ノルマを達成することはますます難しくなっていくわけです。

一方、プレッシャーとのつきあい方が上手な人は、会社からどんなノルマを与えられようが、それとは別に自分自身の目標を設定します。たとえば「うちの商品は○○の課題を抱えているお客さんに向いている。だから今月は一〇件そういうお客さんを見つけてきて、新たに契約を結ぼう」というようにです。

自分で設定した目標であれば、夢を持ってポジティブに取り組むことができますから、プレッシャーを感じなくて済みます。そのため成果が上がりやすくなり、結果的に会社から与えられたノルマについてもクリアできる可能性が高くなるわけです。

プレッシャーを感じずに生きていきたいのなら、人から与えられたノルマに振り回されずに、自分で目標を設定して、自主的に行動することを心がけてみてください。

32 部下が伸びる仕事の振り方

既知のものと未知のものが半分程度の課題を与える

人は、プレッシャーがない状態のほうが伸び伸びと仕事に取り組み、本来持っている能力を発揮することができます。

ただし、上司として部下を育てなくてはいけない場面では、部下に「これまでやったことがないこと」や「できるかどうかわからないこと」にあえて挑戦させる必要も出てきます。人は、自分の能力よりもちょっと高めのハードルを乗り越えていくことによって、成長していくものだからです。

そのために上司は、部下の能力を的確に把握しておくことが求められます。能力をはるかに超える課題を与えても部下は自信を失うだけですし、あまりに簡単すぎる課題では部下の成長につながりません。

旧ソビエト連邦（現・ロシア）の心理学者だったレフ・セミョノヴィチ・ヴィゴツキーは、学習に関する研究で、「既知のものが半分、未知のものが半分という状態のとき、人はもっとも高い学習効果をあげる」という説を唱えています。

つまり「これまで培《つちか》ってきた経験や知識で半分ぐらいは対処できるけれども、もう半分は新たに知識を吸収したり、思考を働かせたりすることによって対処しなくてはいけないこと」を課題として与えるといいわけです。

また新しいことに取り組ませるときには、いきなり重要な場面を任せるのではなく、それほど大きなプレッシャーがかからない場面を選ぶことも大切です。

たとえば、新人の部下に初めてプレゼンをやらせるのならば、社外プレゼンや役員プレゼンではなく、チーム内のミーティングなどの場を活用するといいでしょう。

ライバルは蹴落とすよりも、助けたほうが得!?

私たちは部下や若手を励ますときに、つい「君には期待しているからがんばって」と声をかけがちです。しかしこうした励ましは、よほど精神力が強い人は別として、多くの人にとっては逆効果になります。特に自信がないことに対して、「君には期待しているから」と言われると、その人が感じる精神的な重圧はとても大きなものとなります。

ちなみに精神力が強い人の場合は、別に「期待しているからね」と言われなくても、自力で突破していく力を持っています。だから誰に対しても、わざわざそんなことを言う必要はないわけです。

逆に相手を励ますのではなく、ライバル視している同僚を蹴落としたいときなどは、この「周囲の期待」を使うと効果的です。

同僚が難しい仕事を任されて、いちばん精神的に大変なときを見計らって、「この仕事にはうちの会社の社運がかかっているからね」「社長も期待しているみたいだよ」「みんなの思いが君の肩にかかっているのだからがんばってね」といったささやきで、過度にプレッシャーを与えて精神的に追い詰めていくわけです。

ただし私はライバルに対しては、蹴落とそうとするのではなくて助け船を出したほうが、結果的に得られるものは大きいと思います。

相手は、自分がいちばん苦しい場面で助けてもらったことをけっして忘れません。

そして「もらった恩は必ず返さなくてはいけない」という「返報性の原理」が働き、こちらに対して恩返しをしようとします。しかも心理学の実験では、自分が受けた恩以上のお返しをしようとすることが明らかになっています。

また、そもそも同僚を蹴落とそうとするぐらいなら、その時間とエネルギーを、自分を高めることのほうに使ったほうが建設的です。

人は、誰しも多かれ少なかれプレッシャーを感じながら働いています。ですから、一緒に働いている部下や同僚が今どんな精神状態にあるかについて配慮をしながら、適切なフォローをしてあげることが大切になります。

33 傷つきやすい部下への効果的な対処法

外向的か内向的かは、生まれつき決まっている!?

「最近の若い人は打たれ弱くて、ちょっと叱るとすぐにめげてしまう。困ったものだ」

などと言う人がいます。でも私は「それは本当かな？」と思います。

昔も今も傷つきやすい人は一定程度いたはずです。「最近の若いやつは」と嘆いている四〇代や五〇代の人だって、まだ若くて自信も経験もなかった頃には、上司から怒られるたびにしょっちゅう傷ついていたかもしれません。でも、そのことを都合よく忘れていて、自分を過大評価したいだけ、ということも考えられます。

そもそも「傷つきやすい＝良くないこと」と考えること自体が間違いです。

傷つきやすい人や内向的な人にも、その人ならではの良さがあります。傷つきやすかったり内向的だったりする性格を、無理に直そうとする必要はないのではないでしょうか。

発達心理学者でハーバード大学教授のジェローム・ケーガン氏は、生後四カ月の乳児に録音した音声を聞かせるなど、さまざまな刺激を与えるという実験を行いました。すると刺激に対して、二割の赤ちゃんは泣いたり手足をばたつかせたりするなどの激しい反応を見せ、四割の赤ちゃんは落ち着き払い、残りの四割はその中間の反応を示すという結果が出ました。

ケーガン教授は、激しい反応を示した赤ちゃんを高反応グループ、落ち着いていた赤ちゃんを低反応グループに分け、二歳、四歳、一一歳のときにどんな子どもに育っているか、追跡調査を実施しました。

すると高反応グループの子どもは内向的に、低反応グループの子どもは外向的な性格に育つ傾向が強いことがわかったのです。

つまり内向的な人は、外からの刺激に敏感であるがゆえに傷つきやすく、引っ込み思案になりやすい。逆に外向的な人は、刺激に鈍感なので少々のことでは傷つかず、行動的になりやすいということが考えられます。そしてそうした性向は、すでに生後四カ月の時点で、ある程度決定づけられているというわけです。

ですから、元々内向的な人を精神的に鍛えようとして、飛び込み営業をさせたところで、効果は期待できません。逆に精神的に参ってしまうことになるでしょう。私はむしろ内向的な人ならではの長所を活かすことを考えたほうがいいと思います。

内向的な人は、感性が豊かで、物事を深く捉え、新しいアイデアを生み出していくのが得意です。特に今の時代はビジネスの世界でも、発想力や企画力がより大切になってきているので、内向的な人が活躍できる場は多いはずです。そういう場を適材適所で設定していけばいいのです。

内向的な人でも、外向的になる場面がある

ちなみに内向的な人でも、唯一外向的になる場面があります。それは「コア・パーソナル・プロジェクト」といって、自分にとって非常に重要だと思える事柄に携わっているときです。

コア・パーソナル・プロジェクトについてであれば、自分からどんどん積極的に営

業活動をしたり、プレゼンをしたりといったことができます。

実は私も、本来は超内向的な人間です。それなのにテレビで堂々とパフォーマンスをやったり、大勢の人の前で緊張もせずにメンタリズムや心理学についての講演ができたりするのは、それが私にとってのコア・パーソナル・プロジェクトだからです。

だからもし、みなさんが「引っ込み思案で、内向的な部下や後輩を何とかしたい」と思っているのなら、その人のコア・パーソナル・プロジェクトは何かを考え、それに近い仕事を与えてあげることが大事です。「あなたは本当は何がしたいの？」と、直接聞いてみてもいいでしょう。

コア・パーソナル・プロジェクトであれば、内向的な人でも活き活きと仕事に取り組み、きっと結果を残すはずです。すると、そのことが本人にとって大きな自信となり、成長へとつながっていきます。

ところでケーガン教授の実験では、人はすでに幼児のときから二割が内向的、四割が外向的なタイプに分かれることが明らかになりましたが、実はこれは動物全般にいえることです。

動物界でも、何事にも動じずに行動的な個体がいる反面、臆病で慎重に行動する個体が、どの種にも常に二、三割いることが明らかになっています。

これは、動物が種として生き残るための戦略であるといえます。危険を顧《かえり》みずに積極的に挑戦する個体ばかりだと、失敗したときにその種が全滅してしまうリスクがあります。けれども、挑戦的な個体が失敗して死んだとしても、臆病な個体が生き残れば、種の存続を図ることができます。

つまり、世の中に外向的な人とともに内向的な人がいるのは、自然の摂理であり、意味があることなのです。繰り返しますが、「傷つきやすく内向的なこと＝良くないこと」ではありません。

34 協調性がない部下をその気にさせて、成果を上げる

協調性がない部下には、独自性を発揮できる仕事を与える

前項で私は、「傷つきやすく内向的な部下を、無理に外向的にする必要はない」と述べました。

これは協調性がなく、組織のなかでしばしば「困ったちゃん」扱いされる部下についても同じです。協調性がないということは、裏を返せば独自性があるということです。その長所を活かすことを考えればいいのです。

協調性のない部下をやる気にさせるためにいちばんいいのは、「この仕事は君に任せるから、自分の思うようにやってくれ。その代わりちゃんと結果を残してね」と言って、ポンと一つ仕事を与えることです。

会社の仕事のなかには、チームで取り組む必要がなく、一人でもできるものがあり

ます。そうした仕事の担当者に指名し、ある程度の裁量権を与えるわけです。すると部下はやりがいを感じて、一生懸命取り組むようになります。

私自身も協調性がない人間なのでよくわかるのですが、そういう人物は周りの人と足並みを揃えるために意に沿わないことをやらされると、途端に意欲がなくなりますし、能力も発揮できなくなってしまいます。

けれども「自分でやる！」と決めたことについては、最後までやり遂げようとします。だからそこを利用するのです。

部下のタイプに合わせて、言葉がけを変えていく

ほかのメンバーと協力しながら仕事をすることを好む協調性が高い部下と、そうでない部下とでは、仕事を頼んだり励ましたりするときの言葉がけの仕方も変えたほうがいいでしょう。

協調性のある部下に対しては、「君がこれをやってくれると、どれだけチームに貢献できるか。多くの人に喜んでもらえるか」を強調するのが効果的です。また励ます

ときには「みんなが君の後ろについていてくれるから」といった言い方が有効です。「チーム」「貢献」「みんな」といった単語が、殺し文句になるわけです。

一方、協調性が低く、独自の行動を取りたがる部下に対しては、「これは君にしか頼めない仕事だから」という言葉が響きます。

またそうしたタイプは一匹狼になりやすいがゆえに、何かと融通が利かない会社組織に対して不満を抱いているものです。そこで本人の会社への不満や疑問をうまく使って、言葉がけをするのもオススメです。

「うちの会社は体質が古いし、上の連中は前例主義ばかり。しかもマーケットの状況はどんどん変化しているのに、彼らは現場を全然わかってない。中堅社員や若い連中も、そうした社風に染まってしまっている。だから私は君に期待しているのだ。この現状に風穴を開けられるのは、君しかいないと思っている」

なんて言われれば、間違いなく心を揺り動かされるはずです。

「人を見て法を説け」という言葉があるように、部下のタイプに合わせて接し方を変えることで、相手を動かすのです。

35 思わず許してしまう謝罪のカギは「スピード×回数」

注意されてから謝っても、相手は納得しない

謝罪をするときに何よりも大切なこと。それはスピードと回数です。

あなたが電車に乗っているときに、隣の人に足を踏まれたとします。「痛っ、踏まれた！」と思った瞬間に、踏んだ人があなたのほうを見て、いかにも申し訳なさそうに「すみません。本当にすみません」と謝ってきたら、「いやいや、大丈夫です。お気になさらずに」という気持ちになりますよね。

けれども「あなたは今、私の足を踏みましたよ」とこちらが注意するまで、相手から何も言ってこなかったとしたらどうでしょう。たとえそのあと謝罪の言葉を述べられたとしても、釈然とはしないものです。本当は申し訳ないとは思っていなくて、こちらが怒ったから仕方なく謝っているように感じるからです。

ですから謝罪をするときには、相手が注意をしたり、怒り出したりする前に、こちらから先に気がついて謝ることがポイントです。トラブルの火種をその場で消すことができるか、後々まで尾を引いてしまうかの大きな分かれ道になります。

そしてもう一つ大切なことが、謝罪の回数です。電車の例で言えば、足を踏まれた直後にまず謝ってもらって、先に相手が電車を降りるときにもう一度謝られて、さらにホームに降り立ったときにも深々と頭を下げて謝られたとしたら、「あの人は、本当に悪いことをしたと思っているんだな」と感じますよね。

相手の要求水準を超える謝り方をする

現実には電車のなかで足を踏んだぐらいで、こんなに大げさに謝る人は滅多にいないでしょう。けれどもどうせ謝るのなら、大げさに謝ったほうが確実です。

人は腹が立ったり傷つけられたりしたときに、相手に「この件については、このぐらいのレベルで謝ってほしい」という要求水準を、無意識のうちに設定しています。

もし謝ってもらったとしても、こちらの要求水準に達しないレベルのものだったら、怒りが収まるどころか、「その程度しか悪いと思っていないのか！」という感情が増幅されて、かえってマイナスになってしまいます。

よく企業が不祥事を起こしたときの謝罪会見などで、バッシングが起きることがありますが、あれはまさに人びとが求めている要求水準に達していなかったからです。

こちらが「この程度の失態だったら、まあ軽く謝るぐらいでいいだろう」と思っていたとしても、相手はそうは思っていない可能性もあります。

ですからどんなときでも「自分はとんでもないことをしてしまいました」という思いが伝わるように、平身低頭で謝罪をすることが大事なのです。すると相手も要求水準が満たされて、「いやいや、確かにこのミスは問題だけど、そこまでじゃないから。これからは気をつけてくれればいいんだよ」と言いやすくなります。

また、一生懸命謝罪をしている相手に対しては、人は追及の手を緩《ゆる》めてしまうものです。本気で反省し、打ちひしがれている相手に罵声《ばせい》を浴びせるようなことをしてしまうと、今度はそれをやっている自分のほうが悪者のような気がしてしまうからです。

要求水準をはるかに超える謝り方をすると、相手は驚いてしまうかもしれませんが大丈夫です。謝りすぎて、こちらの印象がマイナスになることは、まずありません。

36 意志が強い人ほど、実は意志に頼っていない!? 仕組みづくりのススメ

人間の意志力は量が決まっている

私がなかなか理解できないことがあります。それはベンチャー企業の経営者のなかには、昼間は頭脳明晰に物事を考え、適切な判断や決断を下すことができるのに、夜になると六本木のキャバクラなどに行って、落とせるはずもない女の子のためにムダなお金を使っている人が多いということです。

「仕事のときにはあれだけ自分を律することができる人が、なぜあんな無意味なことをしてしまうのだろう」

と、つくづく不思議に思います。ただし私なりに「きっとこうなんだろうな」という推測はできます。おそらく彼らは、昼の間に意志力を使い果たしていて、夜には余分な意志力が残っていないのです。

実は一日に使える人間の意志力には量が決まっていて、上限を超えると意志が働かなくなります。

私たちは脳の前頭葉の部分を使って、状況の分析、判断や決断、計画の作成や遂行といったことを行っています。ですから「意志の力」とは、「前頭葉の力」でもあるといえます。この前頭葉が疲れると、意志力も途端に鈍ります。

たとえば「ダイエットをしているときには、浮気をしやすくなる」という話があります。これもダイエットのために食事を制限したり、運動をしたりといったことに自分の意志を使い切っているから、異性の誘惑に耐えられなくなるわけです。

私たちの意志力に上限があるとするのならば、大切になるのは、「本当に意志を発揮するべきこと」にだけ意志力を使って、そのほかのことについてはなるべくエネルギーを使わないようにすることです。実は周りから見て「意志が強そうに見える人」とは、必ずしも意志力が高いとは限りません。意志のエネルギーのやり繰りがうまいのです。

たとえば、今は亡きスティーブ・ジョブズの服装は、常に下はジーパンで、上はイッセイミヤケのタートルネックを着ていました。またFacebook社のマーク・ザッカーバーグも、いつも同じTシャツやトレーナーを着ています。

これは朝起きて服を選ぶということに、意志力を使いたくないからです。事実ザッカーバーグはある席で、「あなたはなぜ毎日同じTシャツばかり着ているのか」という質問に対して、

「決断の数は、できるだけ少ないほうがいいからだ。朝食に何を食べるかとか、どんな服を着るかといった決断をしていると、エネルギーを消耗してしまう」

と答えています。

習慣化と仕組み化で、意志力を使わずに済ませる

意志力を使いたくないことについて、使わずに済ませるためには、習慣化してしまうのが一番です。

私たちがご飯を食べたあとに歯を磨くことをめんどくさいと思わないのは、それが習慣になっているからです。だからいちいち意志力を発揮しなくても、歯を磨くことができます。

新しい習慣は、まだそれが本当の意味で習慣として定着していない間は、やるのが億劫《おっくう》だったりつらかったりするものです。たとえば出勤前に毎日走ることを決めたとしても、ちょっと寒かったり睡眠不足だったりすると、「今日は走るのは嫌だな。やめようかな」という気持ちになります。そんなときは強い意志を発揮して、無理やり自分を奮《ふる》い立たせる必要があります。習慣も最初の間は、意志力に頼らなくてはいけません。

だからこそ、新しい習慣を定着させるためには、朝に取り組むのが一番です。なぜなら朝はまだ前頭葉が疲れておらず、意志力を発揮できやすいからです。そうやって最初のうちは意志の力を使いながら新しい物事に取り組みます。するとやがて歯磨きのように、いちいちエネルギーを使わなくても、その物事ができるようになります。つまり習慣になるわけです。

意志のエネルギーを使いたくないことについて、使わずに済ませるためのもう一つの方法は、仕組み化です。

たとえば「朝起きるのが苦手で、できればいつまででも布団のなかにくるまっていたい。だからいつも平日はめちゃくちゃがんばって起きている」という人は多いと思います。こういう人は、朝決まった時間に起きるということだけで、すでに相当な意志のエネルギーを消耗しています。

ちなみに私は、朝起きることについてはまったく苦労していません。別に朝が得意なわけではなく、仕組み化をしているからです。

私が使っているのは「Sleep Cycle alarm clock」という睡眠アプリと、スマートフォンやタブレットからの操作が可能な「hue」という電球です。

私が眠っている間、「Sleep Cycle」が睡眠状態をチェックしています。そしてちょうど眠りが浅くなり起床時間が近づいたタイミングで、アプリと連動させているhueの電球が少しずつ明るくなっていきます。そうやって私が目覚めやすい状態になったときにアラームが鳴って、私を起こしてくれるのです。だから私は強い意志を働かせることなく、いつもさわやかに目覚めることができています。

意志の強い人間になりたければ、意志の無駄遣いをやめることがいちばんです。習慣化と仕組みづくりで、本当に意志を発揮すべきことだけに発揮できるようになることを目指してください。

大切ではないことには、なるべく意志力を使わないようにすることがポイントです。

37 怒りを上手にコントロールする

フル回転している頭を、怒りに使うのはもったいない

腹が立つことがあると、つい頭に血が上ってカッとなってしまったり、不快な感情をいつまでも引きずってイライラしてしまったり……。怒りの感情をコントロールすることについては、多くの人が苦労しています。

実は人は、怒っているときがもっとも頭の回転が速くなります。自分を不愉快な気分にさせた相手を、「どうにかして打ちのめしてやりたい」という意識が働くからです。

でも、せっかく頭の回転がとてつもなく速くなっているのに、そのエネルギーを相手への復讐に使うのは、とてももったいないことです。

頭のなかで勝手に復讐を考えているだけならまだしも、実際に復讐をした場合、泥沼に陥る可能性が高くなります。なぜなら相手の心にも怒りの火がつき、頭をフル回転させて、こちらへの報復方法を考えてくるからです。するとお互いにお互いを叩きのめすための応酬が繰り返されることになります。

もしこれを避けたいのなら、一発で相手を確実に再起不能にできる復讐方法を考えるしかないわけですが、あまり建設的なこととは思えません。

私は、そんな不毛なことをやるぐらいなら、せっかく速くなっている頭の回転を有効に活用したほうがいいと思います。

「腹が立っているということは、今自分はすごく思考力や問題解決力が高まっているということだぞ。これはラッキーだ」

と考えるようにしてみてはどうでしょうか。そしてそのエネルギーを、自分が本来やるべき仕事に集中させます。すると普段では考えられないほど、高いパフォーマンスを発揮することができるはずです。また、仕事に集中しているうちに、怒りも自然と収まってきます。

腹が立ったときには、身体を動かせ

怒りをうまくコントロールするための二つ目の方法は、身体を動かすことです。たとえば仕事中に、上司や同僚から何か言われてイラッとしたとします。そんなときは一度部屋を出て、階段で一階まで下り、自販機で缶コーヒーでも買います。そしてまた階段を使って部屋に戻れば、上り下りの往復運動をしているうちに、怒りの感情はかなりの部分が消えています。

もし会社の近くに緑が多い公園があるのなら、一度ビルの外に出て、ちょっとだけ公園を散歩してみるのもいいでしょう。木々のざわめきや水のせせらぎ、小鳥のさえずりといった自然界の音には、高周波が多く含まれており、癒し効果があるといわれています。逆にビルのなかは、コンクリートによって自然界の音がカットされるため、ストレスをため込みやすいという説があります。

誰かに腹を立てたときは、その怒りを相手ではなく仕事にぶつけるか、運動やグリーンエクササイズによって怒りを解消するか。そのどちらかを選ぶといいと思います。

第4章　思い通りに人を動かし、結果を出す

38 話を聞き出すときは、安心感を相手に与える雰囲気づくりをしよう

柔らかい椅子に座って、温かいものを一緒に食べる

仕事でもプライベートでも、相手からいろいろと込み入った事情やデリケートな話題について、聞き出さなくてはいけないときがあるものです。

そんなときは、「何か今日は、リラックスした感じで安心して話せるな」とか「この人だったら話しても大丈夫そうだな」と相手に感じさせる雰囲気づくりが大切になります。

そこで私のオススメは、話を聞き出す場所として、温かい料理を出してくれるお店を選ぶことです。冬だったら、鍋料理なんて最高です。

心理学の実験で、人は温かいものを手にしているときは一緒にいる相手に対する評価が高くなり、冷たいものを手にしているときには評価が厳しくなることが明らかに

なっています。体と心は密接につながっていて、体から入ってきた「温かい」とか「冷たい」という情報は、心の状態にも影響します。

だから、鍋やおでんをつつきながら話していると、体だけではなく心まで温かくなり、一緒にいる相手にも心を許して、いろいろと話しやすくなるわけです。

同じように一緒にご飯を食べるときに座る椅子も、座り心地が柔らかい椅子を置いている店を選んだほうがいいでしょう。体の一部が柔らかいものに触れていると、一緒にいる相手の印象まで、柔らかくて温かみのある人に見えてくるからです。

さらには部屋も、間接照明などを使って、柔らかくて温かみのある雰囲気を出している店を選べばバッチリです。

ピンク色の服で、信頼感を高める

こうして安心感を抱きやすい場所を用意するのに加えて、自分自身も相手に安心感を抱かせる雰囲気をかもし出すことが、話を聞き出すときには大切です。

まず意識しておきたいのは、声のスピードやトーンです。普段よりも心持ちゆっくりと喋ることや、言葉と言葉の間にちょっと間を置くことを心がけます。また声のトーンは、落とし気味にしたほうがいいでしょう。すると相手は「この人は自分の話を、深く受け止めながら聞いてくれているな」という印象を抱きます。

服装はピンク色の服がオススメです。ピンクには、「幸せホルモン」と呼ばれるオキシトシンの働きを高める機能があります。オキシトシンが分泌されると、人は緊張感が和らぐとともに他者への信頼感が高まるという効果が実証されています。

ちなみに、最近アメリカの刑務所では、それまではコンクリートの打ちっ放しとか白色だった部屋の壁を、薄いピンク色に変えるところが増えています。その理由は、壁をピンク色にすれば、囚人《しゅうじん》の心が穏やかになり、いさかいごとが減るからです。

男性がピンクの服を着こなすのは、ちょっと難しいかもしれませんが、薄いピンク色のワイシャツであればそれほど抵抗感なく着ることができるはずです。ぜひ試してみてください。

相手から話を聞き出そうというとき、多くの人は「何から話を切り出そうか」とか「どう展開していこうか」といった質問術にばかり意識が向きがちです。でも雰囲気づくりのほうが、実は重要だったりするのです。

39 うっとうしい上司のトリセツ

口出ししたがる上司には、口出しさせてあげればいい

若手や中堅の社員にとって、イヤな上司の上位にあがってくるタイプに、「重箱の隅をつつくような細かい指示をあれこれとしてくる人」がいると思います。

仕事を部下に任せることができず、「あれはどうなった？」「これはもっとこうしなさい」と、いちいち口出しをしてくる。けれどもその割には指示が的外れ……。

この手の上司の特徴として、部下を自分の支配下に置きたいという欲求が強いのに、その欲求が満たされていないことが挙げられます。だから欲求を満たしたくて、あれこれ言ってくるのです。

実はこういう人の対策は簡単です。あえて自分の仕事に口出しさせることで、上司の欲求を満たしてあげればいいのです。

細かいことに口出しする上司ほど、大局を見ることができません。重要事項について下手に口出しをすることで、責任を背負わされたくないという気持ちもあります。そのため企画書を見せても、「この文字のフォントだけど、もうちょっと何とかならないか」といったような、どうでもいい指示ばかり出してきます。でも考えようによっては、重要事項について的外れな指示を出されるよりはマシです。

逃げれば逃げるほど、上司は追いかけてくる

その際のコツとしては、企画書なら企画書を作り終わってからぐだぐだと修正指示を出されたらたまりませんので、企画書の書き始めの段階で、こちらから「ここってどうすればいいですか?」とどんどん相談をすることです。そうやって仕事に介入させることで、早い段階で上司の支配欲を満たしてあげるのです。

さらにその後もちょっと細かいぐらいに、逐次《ちくじ》進捗状況を報告します。上司はあなたのことを完全に支配下に置いているという安心感が持てますので、あまり口出しをしなくなります。「この仕事は、もうおまえに任せるから」という雰囲気になります。

そして上司の関心は、まったく報告をしてこないほかの部下に向かうわけです。上司の存在がうっとうしいからといって、逃げてはいけません。逃げれば逃げるほど、上司は追いかけてきます。逆にこちらから近づけば、上司は必要以上にあなたに口出ししてこなくなります。

これは部下に対して、何かと説教をしたがるタイプの上司も同じです。こういう上司は、説教をすることで自分の存在感をアピールしたいのです。それならアピールをさせてあげればいい。

たとえば「おまえはこんな営業の仕方でいいと思っているのか！」といちゃもんをつけられたら、「私もこれではいけないと思っていました。どうすればいいか教えてください」と教えを請《こ》うふりをします。こちらから飲みに誘ってもいいでしょう。「あんな上司と飲みに行くのなんてごめんだ」と思うかもしれませんが、イヤな相手だからこそ、なおさら行かなくてはいけないのです。

もちろん上司からの説教は、参考になる部分だけはちゃんと聞いて、あとは聞いているふりをすればＯＫです。そうやって上司に「あいつはいつも俺のことを頼りにしている」という満足感を与えることができたら大成功です。

40 贈り物作戦で、苦手な人を味方に変える

苦手な相手だからこそ接触回数を増やす

職場でもご近所でも趣味のサークルでも、どんなコミュニティにも「この人、何となく苦手だな」という人が存在するものです。

苦手な人とは友達にならなければいいのですが、その人がコミュニティの中心人物である場合はそうはいきません。何とか相手に自分のことを気に入ってもらう必要が出てきます。

そこで知っておきたいのが、心理学者のロバート・ザイアンスが提唱した「単純接触効果」という理論です。

これは、ある人物なり物事なりに何度も接触しているうちに、次第に警戒心が薄れ、好意を抱くようになるというもの。確かに人は慣れ親しんだものに対しては、た

だ「よく知っている」というだけで、プラスの感情を持つものです。

ということは、相手に好意を持ってもらいたいなら、接触回数を増やすことがカギとなるわけです。人は苦手な相手とは接触を避けたがりますが、むしろ苦手だからこそ近づいていかなくてはいけないのです。

私の好きな言葉に「現実というのは、目を背けるほどより大きくなって迫ってくる」というものがあります。

嫌いなものも同じで、避ければ避けるほどもっと嫌いになっていきます。だからあえて、こちらから接近していくのです。

人は恩を受けると、それ以上のお返しを考える

苦手な相手に接触するときの手段として効果的なのが、贈り物作戦です。機会を見つけては「これ、どうぞ」と贈り物をするのです。

心理学に「返報性の原理」という概念があります。人は何か恩を受けると、その恩を必ず返さなくてはいけないという心理が働きます。しかも自分が受けた恩以上の大

きなお返しをしようとします。

この返報性の原理は、人間関係の好き嫌いを突破できるくらいに本能と強く結びついた心理であるといわれています。

心理学者のデニス・リーガンが行ったこんな実験があります。

実験では、リーガンの助手がある被験者群に対しては一〇セントのコーラ（物価がまだ安かった時代の実験です）をおごり、別の被験者群には何もおごりませんでした。そのうえで「自分はくじ付きのチケットを売っているのだけど、よかったら買ってくれないか」とお願いしました。

すると、おごってもらった被験者のほうがたくさんチケットを買ってくれました。それも何と平均すると五〇セントぶんものチケットを購入してくれたのです。

つまり、コーラ一本（一〇セント）の元手で、五倍のリターンがあったわけです。

このように贈り物作戦は効果的ですが、あまり高価な贈り物をする必要はありません。逆に「この人は何か下心があるんじゃないか」と警戒されてしまいます。苦手な相手が上司や同僚であれば、残業しているときに缶コーヒーやお菓子を差し入れるといったことでＯＫです。

大切なのは、気軽なプレゼントを数多く行うことで、接触回数を増やしていくことです。

これによって、相手は無意識のうちに返報性の原理が働いて、「いずれ何らかの形でお返ししなければ」という気持ちになるとともに、単純接触効果によってこちらに好意を抱くようにもなるわけです。

言ってみれば相手を「モノで懐柔《かいじゅう》する」わけですが、当の本人はそんなことには気づいていません。自分で主体的に「彼はいい人だ」とか「彼女は親しみやすいな」といった評価を下していると思い込んでいます。

こうして苦手な相手を、次第にこちらの味方へと誘導していくわけです。

41 戦わなくても、すんなり自分の考えを通せるワザ

相手の主張に対応しても、エネルギーを消耗するだけ

相手がこちらに対して何かを強く主張してきたり、批判をしてきたりしたときには、「こちらも対抗して相手を言い負かす」という方法以外に、「相手の主張や批判にはまともに対応せずに、ずらして答える」というやり方もあります。

私はこの「ずらして答える」やり方がいちばんいいと思っています。なぜなら相手の主張を真っ向から打ち負かそうとすると、エネルギーを消耗するだけで、メリットがないことのほうが多いからです。

以前、私はあるテレビのバラエティ番組で、出演者から「メンタリストなんて詐欺師でしょ?」と言われたことがあります。おそらくその出演者はディレクターから、「何かＤａ・ｉＧｏを挑発するような発言をしてくれ」と頼まれていたのでしょう。

自分のことを詐欺師呼ばわりされたら、多くの人は頭に血が上って真っ向から反論しようとすると思います。

けれどもそのときの私は、「おっしゃる通り、メンタリストはもともとは詐欺師なんですよ」と答えました。

そのうえでこんなふうに話を続けました。

「昔からメンタリズムのテクニックは、人を騙したり扇動したりすることに使われてきました。しかし使い方によっては、周りの人たちと良好な関係を築くためのテクニックにもなります。私は多くの人に幸せな人生を歩んでほしいと思って、このテクニックをみなさんに公開しているんです」

これが「ずらして答えるやり方」です。

この受け答えであれば、「メンタリストなんて詐欺師でしょ？」という批判に対して、「おっしゃる通り」と答えているわけですから、相手はそれ以上の批判ができなくなります。

一方で私のほうは、答えをずらしながら、なおかつメンタリズムに関する私の姿勢や考え方をきちんと表明することができます。

不毛な議論を回避しながら、自分の言いたいことは言えるわけです。

相手が何を言ってきても、「おっしゃる通り」と答える

相手がこちらに対して主張や批判をしたときに、ずらしながら答えるためのコツは、何を言われても「おっしゃる通りです」「その通りです」「そうなんですよね」と答えることです。つまり、すべて「ＹＥＳ」で返します。

人は「おっしゃる通りです」と言われると、その時点で自分の主張が通ったと感じます。「おっしゃる通りです」のあとに続く言葉が、よくよく聞いてみると全然おっしゃる通りの内容ではなかったとしても、何となく人はそれで納得してしまうのです。人は意外と非論理的な生きものなのです。

あるテーマを巡って論争になったときに、こちらが議論に勝ったとしても、相手の心には悪感情が残るだけです。その後の人間関係がぎくしゃくしてしまうこともあり得ます。けれどもずらしながら答えるというやり方であれば、正面から相手とぶつかることを避け、相手をうまく取り込みながら、自分の主張を表明することができま

す。

もちろん本当に大切なテーマであれば、とことん議論をし合うことも時には必要でしょう。しかし議論の中には、「自分が勝っても負けてもどうでもいいこと」も少なくありません。

アメリカ人がよく使うフレーズに「Who cares?」というのがあります。これは「かまうもんか」とか「どうでもいいじゃん」といった意味です。

くだらない批判を受けたり議論を吹っかけられそうになったときには、感情的になる前に「どうでもいいじゃん」と自分に言い聞かせることが大事です。そのうえで相手と正面から対決せずに、「ずらして答える」やり方を取ったほうが、はるかに建設的だと思います。

42 会議のときに自分の意見を通しやすくするには？

「議題の提起」と「まとめ」で存在感を高める

会議のときに、発言の内容はあまり変わらないのに、自分の意見が通りやすい人と、通りにくい人がいます。

これはひと言で言えば存在感の違いです。意見を通したければ、会議のなかで自分の存在感を高めることが大切です。

そのためには、会議の肝となる部分を自分が握るようにすることです。組織行動学者のジェフリー・フェファーは、組織のなかで主導権を握っている人は、「論破する力」「議題を提起する力」「まとめる力」の三つの力を備えていると述べています。

このうち「論破する力」については、身につけるのが大変ですし、対上司には使いにくいものです。

ですからまずは、「議題を提起すること」と「まとめること」の二つの肝を、確実に押さえることを目指してみてください。

「議題の提起」は、言うまでもなく会議の最初に行います。たとえば、

「本日の会議の議題について確認したいのですが、五月に行われる展示会を成功させるための現時点での課題を洗い出すということでいいでしょうか。課題の洗い出しを本日の会議のゴールとし、具体的な対策については各担当者が持ち帰って検討し、次回の会議で発表してもらうということでいかがでしょう」

といった発言をするわけです。これによって、その日の議論の目的や進め方といった会議のルールについての主導権を自分が握ります。当然、その場における存在感がアップします。

一方「まとめ」は、出席者の意見が一定程度出尽くしたときに行います。たとえばこんなふうにです。

「ここまでいろいろな意見が出ましたが、大きくまとめますと、客足を増やすためには宣伝活動の仕方を工夫する必要があるということでよろしいでしょうか。その点で認識を共有化できているのであれば、次に宣伝活動の具体的な方法についての議論に

移してはいかがでしょう」

こうして「これまでの議論を集約する」という大切な場面を、自分が仕切るわけです。やはり、その場における存在感がアップします。

司会進行役や配付資料の説明役を買って出よう

「議題の提起」も「議論のまとめ」も、別に自分の意見を述べるわけではありません。会議のゴールや進め方について提案し、ほかの参加者が言った意見をまとめるだけです。

しかしこの二つの肝を押さえることで、自分の存在感をメンバーに印象づけることが可能になります。下手に自分の意見をまくしたてるよりも、そちらのほうがずっと効果的です。

そうやって普段から存在感を高めていけば、本当に自分の意見を通したいときに、メンバーはその意見を傾聴してくれるようになります。

一番いいのは、司会を務めさせてもらうことです。

司会をしていると、否が応でも自分が「議題の提起」と「議論のまとめ」をしなくてはいけなくなるからです。

もし、まだ若手で司会を務めさせてもらうのが難しい場合は、配付資料の説明を担当する係を名乗り出るのもいいと思います。それだけでも「議論の提起」の一場面に関わることができます。

会議の場面でどんなに良い発言をしても、存在感の薄い人の意見は残念ながら採用されません。

「何を言ったか」よりも「誰が言ったか」のほうが重視されます。まずは自分の存在感を高めることに、力を注ぐ必要があります。

43 損な役割を回避したければ、めんどうな人になりきる

引き受けるときには、自分を楽にする条件を提示する

気が小さい人や性格がいい人ほど、マンションの自治会の役員や、子どもが通っている学校の役員など、めんどうなことを人から頼まれがちです。そして、そういう人の周りに限って、いろいろと押しつけてくる人が現れるものです。

そういう人への私からのアドバイスは、「周りにいるめんどうな人以上に、自分がめんどうな人になりましょう」ということです。

たとえば、あなたがマンションの自治会や町内会の会合に出席したときに、次期会長になることを周りから押しつけられそうになり、断りたいとします。

そんなときは、すぐに「わかりました。私が引き受けます」と答えてはいけません。まずはほかの出席者から、「私たちもあなたのことをサポートしますから、だか

ら会長になってください」という言質を引き出します。そのうえで、こんなふうに返事をするのがベストです。

「私もいろいろと忙しくて、会長などという大役はとてもできないと思っていたのですが、みなさんがそこまで私を推してくださり、なおかつ全力でサポートしてくださるということでしたら、お引き受けしようと思います。

そこでさっそくですが、これまで会長の仕事とされていた○○と××は、今後新たに担当係を設けることにして、この場で担当者を決めさせていただくことはできますでしょうか。そうすれば私も安心して会長を務めることができます」

こう言われたら、周りの人たちは、NOとは言いづらくなります。「私は会長職もやりたくないし、仕事を分担させられるのもイヤだ」というのでは、今度は自分のほうの大義名分が立たないからです。そのため多くの場合は、「仕方がないな」ということで、あなたが提示した条件をのんでくれることになるでしょう。

相手から物事を頼まれたときは、ちょうどこちらも相手に物事を頼みやすいタイミングになります。「私は○○を引き受けますから、あなたは××をやってくださいね」という要求を断れる人はほとんどいません。その心理をうまく利用するのです。

めんどくさい人には、誰も仕事を押しつけなくなる

ちなみにこのとき提示する条件には、「自分が会長を引き受けたときに、いろいろとある仕事のなかでも、もっともこれがめんどくさい」と思えるものを入れます。

すると条件をのんでもらったうえで、あなたが会長を引き受けることになったとしても、その仕事は、それほど大変なものではなくなります。

また、万が一相手から「そんな条件はのめないが、でも会長はやってほしい」と言われた場合には、それはそれで今度は「あなた方が譲歩してくれないなら、私もお引き受けすることはできません」というふうに、依頼を断るための正当な理由が見つかります。つまり、どちらに転んでも大きな損はないわけです。

このように「条件を提示したうえで、役割を引き受けること」を続けると、周りからは「あの人はちょっとめんどくさい人だ」とみなされるようになります。そしてめんどくさい人には、めんどくさい仕事を次第に誰も押しつけなくなっていきます。

こうしてあなたは、損な役回りから解放されることができるわけです。

44 ありがたくない上司の説教を ぴたっと止める処方箋

上司は自分を承認してくれることを求めている

前の項でも述べたように、部下の仕事に細かく口出ししたり、説教をしたがる上司は、「自分の存在を認めてほしいのに、認められていない」という不満を強く抱いているケースが多いものです。

ひと言で言えば、「承認欲求」が満たされていません。

たとえば「俺が営業マンだった時代は、ネットや紹介での営業ではなくて、飛び込み営業が当たり前だったんだ」とか、「昔はネットがなかったから、企画書一つ書くのでも図書館まで行って資料を探したものだ」というふうに、やたら昔の苦労話をしたがる上司がいます。

もちろん昔の営業マンのほうが、今よりも大変だったとは一概にはいえません。今は企画書を作成するときも、パワーポイントなどを使って、よりヴィジュアル的にも映えるものを作ることが求められるようになりました。またメールや携帯電話が普及したことによって、営業マンはいつお客さんから連絡が来ても、すぐに対応しなければいけなくなっています。しかもバブルの頃とは違って、簡単には商品が売れません。

むしろ上司世代よりも今の営業マンのほうが、よっぽど苦労しているとさえ言えます。けれどもそんな事実は無視して、部下に説教をしたがります。

しかし、だからといって上司の営業マン時代の働き方を真似して、今さら飛び込み営業をしてみたり、ネットを使わずに図書館へ調べものに行ったりしたところで、仕事の効率が落ちるだけです。

実は上司も部下に、そんなことを要求しているわけではありません。成績が上がらなければ、きっとそれはそれで「もっと頭を使え。効率を考えろ」などと、また説教をされるでしょう。

上司が求めているのは、自分の存在を承認してくれることです。

「○○さんは、本当に努力しながらここまでやって来られたんですね。すごいです。

尊敬します」

という部下からの承認のひと言が欲しいのです。また自分に対して、もっと敬意を持って接してほしいと思っています。

ですから上司の説教を聞いて、その通りに行動したとしても、説教が減ることはありません。大切なのは「言われたことをする」のではなく、「上司の承認欲求を満たしてあげる」ことだからです。

本当の不満は、別のところにある可能性が高い

実は上司の承認欲求の根源は、部下の前で口にしていることとは別のところにあったりします。

たとえば、自分としては一生懸命働いているつもりなのに、妻や子どもから尊敬が得られていないとか、自分の能力や実績を会社が認めてくれないために、不遇なポストに追いやられているといった不満の矛先が、部下に向かっているケースが少なくないのです。

要は、部下はとばっちりを受けているわけです。このとばっちりを最小限に抑えるためには、上司が抱えている不満の根本のほうをガス抜きしてあげることが大切になります。

「この人がいつもカリカリしているのは、何に不満を感じているからなのだろうか」ということに、思いを巡らせてみます。そしてその不満の根本を突きとめ、解消してあげるのです。

たとえばあなたが、「どうもうちの上司は、奥さんから認められていないことに不満が溜まっているみたいだな」と感じたとします。そんなときは上司を飲みに誘ってみてはどうでしょう。

そして、本当は夫婦関係に不満を持っていないとしても、「実は僕、嫁さんとこの前、仕事のことでケンカしたんですよ」というふうに話題を振ってみます。

そこで上司が一通りアドバイスらしきものをしてくれたあとに、「実は俺も女房といろいろとあってなぁ……」と話し出してくれたらしめたもの。上司が奥さんに認めてほしいと思っているけれども認めてもらっていない部分を、「僕は課長のそういうところ、すごいと思っています。尊敬しています」と認めてあげているふりをするのです。

こうして上司が抱えている承認欲求の根本の部分をある程度満たしてあげれば、仕事でつまらないとばっちりを受けることが少なくなります。

ちなみに「相手の不満の根本を突きとめ、解消してあげる」ことが大切であるのは、お客さんからのクレームに対応する場面でも同じです。

お客さんが、商品やサービスの悪さについて不満を述べていたとします。でも本当の不満はそこではなくて、「もっと自分のことを大切に扱ってほしい」というところにあることが多いものです。クレーム対応では、そこに気づけるかどうかが大切になります。

上司から説教をされたり、お客さんから文句を言われたときには、「この人の本当の不満は何だろう？」と考えるようにしてください。

45 彼女のご機嫌を直すための女心をくすぐる謝り方

女性が求めているのは、遅れた理由ではなく共感の言葉

大切なデートの日に遅刻をしてしまった！　こんなときはいかに上手に謝れるかが、その日のデートが台無しになるか、何とか持ち直せるかの分岐点となります。

もしあなたが女性で、遅刻をして彼を待たせてしまったのであれば、それほど複雑に考えることはありません。１２７ページで私は、「男性は解決脳、女性は共感脳でできている」と話しましたが、彼はあなたを待っている間、「何で今日はこんなに遅れているんだろう」という疑問と不安で頭がいっぱいになっています。

ですから遅れてきたことを誠実に謝ったうえで、遅刻の理由をちゃんと説明すれば大丈夫。そうすることで彼の疑問を解決してあげればいいのです。

一方、あなたが男性で、遅刻をして彼女を待たせてしまったのなら注意が必要です。女性の場合は、共感脳でできています。この男女の脳の違いを理解していない男性は、「ごめん。出掛ける前に急にお客さんから仕事の電話がかかってきて……」というふうに、遅れた理由を説明しがちです。でも彼女が求めているのは、疑問の解決ではなく、共感の言葉です。

「すごく楽しみにしていたデートだったのに、悲しい気持ちにさせてごめんね」

というように、相手の感情をケアした謝り方をしないと許してくれないでしょう。

ちなみに、女性に謝罪をするときに共感の言葉が大切であるのは、仕事の場面でも同じです。もちろん仕事ですから、たとえば何かでミスをしたことを謝るときには、その原因や対策についてもしっかりと説明する必要があります。ただそのうえで「あんなに応援してくださっていたのに、がっかりさせる結果になって申し訳ありません」というように、相手の気持ちに寄り添ったひと言が欲しいものです。

ただし注意が必要なのは、すべての男性が解決脳、すべての女性が共感脳でできているとは限らないということです。少数ではありますが、男性のうちの一五％は共感脳、女性のうちの一〇％は解決脳であるといわれています。

そのため彼女を怒らせてしまったときに、「女性だから共感の言葉を言わなくちゃ」と思って、「悲しい気持ちにさせてごめんね」と謝ったとしても、「そんなことより、どうしてこうなったかちゃんと説明してよ！」と言われてしまうケースもあり得ます。こういう場合は、「彼女は女性だけど、共感脳じゃなくて解決脳なんだな」と判断して、その後はコミュニケーションのスタイルを変えたほうがいいでしょう。

今日の遅刻だけではなく、過去の遅刻についても謝る

もう一つ男性が気をつけておかなくてはいけないのは、女性の場合は「拡大思考」といって、今起きている問題を、過去や未来に結びつけて思考をするのが得意であるということです。女性は、情報処理能力が高いので、現在のことしか考えられない男性とは違って、過去と現在と未来を一緒に考えます。

つまり、待ち合わせ場所で彼を待っている間、「そういえば二カ月前も彼は遅刻した。あのときも大事なデートだったのに……」と過去のことを思い出し、「そういえば半年前も……」と、さらに古い過去の遅刻も思い出します。そして「きっとこれからも遅刻をするに違いない」と、未来のことにまで想像が及ぶわけです。

男性読者のなかには、たった五分しか遅刻をしなかったのに、彼女がひどく不機嫌だったので驚いたという経験をしたことがある人も多いと思います。あれは「今日五分遅刻したこと」ではなく、これまでも遅刻をしてきたことや、きっとこれからも遅刻をし続けるであろうことに対して怒っているのです。

ですから「今日の遅刻」について謝るだけでは不十分です。今までの遅刻のなかで、いちばん彼女を悲しませたときのことや、がっかりさせてしまった具体的な出来事にまでさかのぼり、「あのときも君をがっかりさせてしまったのに、また今日も同じことをしてしまった。ごめんなさい」と謝ることが求められます。

間違っても「何に怒っているの？　教えて。謝るから」なんて言ってはいけません。男性は「君が怒っている理由を教えてほしい」という純粋な気持ちでこういう質問をよくしますが、女性はその言葉を「君がなんでこんな小さなことで怒っているのか、僕には全然共感できない」というふうに受け止めます。

ここで求められるのは、質問ではなく共感の言葉です。女性は「君がなぜそんなに腹を立てているのか、僕はよくわかっているよ。ごめんね」という気持ちが伝わるひと言が欲しいのです。どうか女心がよくわかる男性になることを目指してください。

46 プレゼントは「何でもない日」のほうが効く！

過去の楽しい記憶がよみがえってくるプレゼントを

私はプレゼント上手な人というのは、誕生日などの記念日に高価なプレゼントをする人よりも、普段からこまめにプレゼントをしたり、ちょっとしたおみやげを買ったりすることができる人だと思っています。

記念日にプレゼントを贈るのは、まあ当たり前のことです。だからそれほど深い感動を相手に与えることはできません。むしろ、何でもない日に買ってきた花束とか雑貨のほうが、相手の心に残ったりします。

きっと相手は何かあったのかとたずねてくるでしょう。

「いや、何もないけど、今日花屋さんの前を通ったときに、偶然この花が目に入ったんだよね。この花、まだ僕らがつきあい始めたばかりの頃に、最初に僕が君にプレゼントしたものだけど、覚えている？」

なんてことを言えたら、相手はすごく喜んでくれるはずです。

プレゼントのなかでもいちばん効果的なのは、昔の良い記憶を思い起こさせるようなモノを選んで渡すことです。特に女性の場合は、過去の出来事を現在や未来に結びつけてイメージを働かせることを、とても得意としています。

ですから、過去の楽しい記憶を思い出させるような贈り物をもらったときには、その当時の幸せな気持ちがよみがえってきて、今もその幸せな気持ちでいっぱいになります。下手に高価なモノをもらうよりも、ずっとうれしいプレゼントになるのです。

雑誌は二人で楽しめるオススメのプレゼント

残業で家に帰るのが遅くなったときなどに、スイーツを買って帰るのも立派なプレゼントです。「一緒にどうかなと思って買ってきたんだ」と言えば、相手も喜んでくれるでしょう。ただし、あまり遅い時間に甘いものを食べるのは、健康や美容のことを考えると、ほどほどにしたほうがいいかもしれません。

そこで、私がオススメするのは本や雑誌です。特に楽しかった思い出に関するテーマが、雑誌で特集されていたら要チェックです。

たとえば、過去に二人で旅行した国が特集されている雑誌を買って帰ったら、思い出に浸りながらいろいろな話ができるでしょう。

またフレンチレストランが特集されている雑誌を買ってくれば、「前に渋谷のあの店に行ったときもすごく楽しかったけど、今度は表参道のこの店に行きたいね」というふうに、未来の夢を二人で語りながら楽しむことができます。書店やコンビニの雑誌コーナーは、「自分が読みたい雑誌」だけではなく、「良い記憶がよみがえってくる」「二人で読むと楽しそう」という観点でもチェックするといいと思います。

こんなふうに何でもない日に小さなプレゼントをこまめにしていると、記念日については逆に安上がりに仕上げることができます。

「いつもいろいろもらっているから、誕生日だからといってそんなにすごいプレゼントはいらないよ。それよりも一緒にどこかに遊びに行こうよ」

といったふうになるからです。プレゼントは何でもない日にしたほうが、相手の心に残りますし、また出費を抑えることもできるわけです。

47 メールや電話、手紙を駆使して取引先の怒りを鎮める方法

謝罪は「メール」「電話」「直接会う」の順番で

あなたが仕事で大失敗をしてしまい、取引先の担当者をカンカンに怒らせてしまったとします。こんな場合でも、謝罪をするときにやはり大切なのは、スピードと回数、そして相手の要求水準を上回るレベルの謝罪をすること。

ただしスピードに関しては、すでに相手を怒らせてしまっているわけですから、後手に回った感は否めません。だからこそ回数でフォローする必要があります。

謝罪をするときの手段としては、「直接会って謝罪する」「電話で謝罪する」「メールで謝罪する」などが考えられます。私としては、まずメール、次に電話、最後に直接会って謝罪するという順番をオススメします。

なぜなら、相手の怒りがもっとも高まっているときにいきなり会うと、負の感情を

ぶつけられるだけで会話が成立しないリスクがあるからです。だからまずはメールで謝るわけです。

ただしメールの文面には注意が必要です。ミスを犯した理由を説明する必要はありますが、言い訳になってはいけません。誠意を尽くして謝罪の言葉を書き連ねることが求められます。

そしてメールを送信したら、あまり時間を置かずに次は電話で謝罪をします。相手はいろいろと不満を述べてくるでしょうが、ここである程度、気持ちを吐き出させることが大事です。そのうえで「これから直接謝罪に伺わせてください」と言って電話を切ります。

会って謝罪をしたあとは、手紙でフォローアップする

相手先に向かうときには、わざと時間を多めに言うのがコツです。三十分後に先方に到着できるとしても、「一時間後に伺います」と相手には伝えます。そして早めに会社の近くまで来たうえで、「もうすぐ着きます」と連絡を入れるわけです。これに

よって「謝るために大急ぎで来てくれたんだな」という印象を相手に与えることができます。

ところが実際には逆のことをする人が多いようです。絶対に三十分で着くはずがないのに、相手の機嫌をこれ以上損ねたくないがために、「今すぐ伺います。三十分後には到着します」などと口にしてしまいます。しかし間に合うわけがありませんから、かえって心証を悪くすることになります。

さて直接会いにいって謝罪をして、先方もある程度納得をして怒りを収めてくれたとしても、最後の総仕上げとしてまだやるべきことがあります。それは手紙です。「今回の件でいかに迷惑をかけたか」「どれだけ反省したか」「今後二度と同じ失敗を犯さないために、どんな対策を講じることにしたか」を手紙に綴るのです。

手紙のいいところは、タイムラグが生じることです。トラブルが一段落して相手の気持ちがある程度落ち着いたところに、手紙が届きます。「あのときの出来事をまだ気に留めていてくれたんだ」と、相手は感動すらしてくれるかもしれません。

メール、電話、対面、手紙……。あらゆる手段を駆使して、相手の怒りを鎮めるのです。

48 クレーマーをファンに変える心理テクニック

会社の立場ではなく、お客さんの立場で話を聞く

クレームを言ってくるお客さんの多くは、自分を特別扱いしてほしいと思っています。ところがこちらがその要求に応えなかったとき、彼らは自分の存在がないがしろにされたと感じ、それがより大きなクレームにつながっていきます。

ですからクレームの対処法の基本は、「特別扱いしてほしい」というお客さんの要求を満たしてあげることです。

怒りやいらだちをぶつけてくる相手に共感し、「お客さまは本当にうちの会社や商品のことを思ってくださっているのですね。それなのにこんなにひどいことをして申し訳ありません」という姿勢を、いかに示せるかが大切になります。

共感的な対応をするためには、「会社を代表する人間」としてではなく、「個人」としてお客さんと接したほうが効果的です。

会社を代表するという立場を取ると、どうしても会社VS.顧客という対立関係になりがちです。そうではなくて、お客さんのクレームの内容に、「それは私もひどいと思います。販売担当部門に掛けあってみますね」というふうに、個人としてお客さんに寄り添って話を聞くのです。

もちろんお客さんによっては、「その言い分はちょっと偏《かたよ》ったものだな」と感じるケースもあるでしょう。しかし、お客さんがこちらの商品やサービスに不満を抱いているというのは事実ですから、自分の意見はいったん棚上げしたうえで、お客さんが何にそれだけ怒っているのか、しっかりと耳を傾けるようにします。

するとお客さんは、「この人は私のことをわかってくれている」と感じます。また自分の代わりに会社に掛けあってくれる同志を得たわけですから、怒りの矛先はクレーム対応をしている担当者には向かわなくなります。

ただしいくら相手の側に立つといっても、金銭的な要求をしてきた場合にはきっぱりと断らなくてはいけません。過度のリクエストに応じる必要はないのです。

「メモを取りますね」のひと言が効果的

ここで、クレームを言ってくるお客さんと関係を築く際に、役立つテクニックを教えましょう。

それはメモを取ること。

「インタビュー効果」といって、相手がメモを取っているのを確認すると、人は心を開いていろいろと話をしやすくなる傾向があります。

会社によっては、お客さんからのクレームについては記録を取ることを義務づけられているところも多いでしょうが、そうでなくても自発的にメモをするようにしてください。

電話でのクレーム対応の場合は、こちらが電話口でメモを取っていることが相手にうまく伝わるようにします。

相手が喋り出したら「少々お待ちいただけますか。今からメモを取りますので（ガサガサ）。お待たせしました。どうぞ」というように、わざと音を出して、メモの準備をしているふりをするのです。極端な話「ふり」をするだけで、実際にはメモを取らなくても構いません。

このインタビュー効果によって、相手は「この人は自分の話に真剣に耳を傾けてくれている」「自分の話を特別な意見として聞いてくれている」という満足感を抱いてくれるはずです。これはクレーム対応に限らず、上司の話を聞くときにも使える方法です。

チームとしてクレーム対応に当たる

クレームに対しては、本当はスタッフが個人単位で対応するのではなく、チーム全体で当たるようにすると、より効果が増します。

私の知人が、ホテルでチェックインの手続きをしようとしたときのことです。何かの手違いで後回しにされ、なかなかチェックインができないということがありました。

「いったいどういうことですか⁉」とフロントマンにクレームを言おうとしたところ、すかさず支配人が飛んできて、「申し訳ございません」と頭を低くして謝ったのだそうです。そして支配人の「申し訳ございません」の言葉に合わせて、その場にいたほかのスタッフも一緒に頭を下げました。

知人はみごとな対応ぶりにすっかり感動して、逆にそのホテルのファンになってしまったとのことでした。

クレームを言ったときに、支配人や店長のような上位の役職の人が出てきて丁寧に対応をされると、お客さんは自分の存在が尊重されていると感じて怒りが収まります。それどころか「この会社はなかなかしっかりしているな」と好意さえ抱きます。

ですからクレームが発生したときには、より上位の役職の人が対応することをルール化しておくとよいでしょう。それが難しければ、クレーム対応担当者には「チーフ○○」とか「○○マネージャー」等のそれらしい肩書を与えておくことです。

また、やはり私の知人は、お母さんの誕生日にケーキをプレゼントしようとしたところ、ケーキが潰れた状態で届いたことがありました。そこでケーキ屋さんにクレームを言ったのですが、そのときの店側の対応はみごとなものでした。

まず手紙が届きました。手紙には、潰れたケーキを送ってしまったことだけではなく、お母さんの大切な誕生日を台無しにしてしまったことへの謝罪の言葉が添えられていました。

そのうえで、今後同じミスを繰り返さないために、どのような対策を講じるかについての解決策も示されていました。さらにそのお店は、ケーキ代を返金したうえで、別の焼き菓子をお母さんに送ったのだそうです。

ここまでされると、クレームを言った側も感動します。事実私の知人は、今でもそのお店の常連客だそうです。

これもクレーム対応をスタッフ個人に任せず、チームとして対応しているから可能になることです。

クレーム対応にあたっては、相手の感情に十分に配慮をすることが大事です。やり方次第によっては、お客さんをファンにさせることもできるのです。

49 一杯のコーヒーでクライアントの心をわしづかみにする

コーヒーの香りをかぐと、人は説得されやすくなる

最近はコーヒーのチェーン店だけではなく、コンビニなどでも淹《い》れたてのおいしいコーヒーが安い値段で買えるようになりました。

そこでぜひ試してほしいのが、商談の前にコーヒーショップやコンビニでコーヒーを買ってから、お客さんのところを訪ねる、ということです。

というのは、人はコーヒーの香りをかぐと、説得されやすくなるという実験結果が出ているからです。

心理学者のバロンは、通行人に「公衆電話から電話をかけたいので、一ドルもらえないか」と声をかけて、相手の反応を見る実験をしました。すると、コーヒーの香りがしない場所で一ドルをくれた人は二〇%だったのに対し、香りがする場所だと五六

%に達しました。何と倍以上の開きがあったのです。

ですからコーヒーの差し入れをするときには、香り効果を最大限に利用するために、カップはふたを開けるとぱっと香りがひろがりやすい、広口のタイプのものがいいでしょう。

コーヒーの効用は香りだけではありません。オーストラリアのクイーンズランド工科大学の研究によると、コーヒーに含まれるカフェインを摂取すると、人は注意力や記憶力が高まって、相手の話にしっかりと耳を傾けるようになり、その結果、説得されやすくなるという実験結果が出ています。

もちろん打ち合わせに行くと、先方がコーヒーを出してくれることも多いものです。けれどもあくまでもコーヒーは、こちらから持参するのがポイントです。

なぜなら返報性の原理が働き、相手が「もらったぶんは何かの形でお返ししなければ」という気持ちになるからです。

コーヒーを買ってきた理由付けは何でもいい

急にコーヒーを持って行くと、お客さんはいぶかしがるかもしれません。そんなときは何でもいいですから、とにかく理由をつけてから相手にコーヒーを渡してください。

以前、ハーバード大学の心理学者であるエレン・ランガーが、コピー機を使った実験を行ったことがあります。

コピー機の順番待ちの列のいちばん先頭の人に声をかけて、「すみません。先に五〇枚ほどコピーをとらせてもらえませんか」とお願いしました。すると六〇％の人が承諾しました。

次にやはり先頭の人に「すみません。急いでコピーを五〇枚ほどとらなくてはいけないので、先にとらせてもらってもいいですか」というように、「急いでいる」という理由をつけたうえでお願いをしたところ、承諾率は九四％に跳ね上がりました。

おもしろいのはその次の実験結果です。

今度は、違う理由を付け加えて頼んだのです。「コピーをとらなくてはいけないので、先に五〇枚ほどとらせてもらえませんか」とお願いしたところ、やはり承諾率は九三％の高率だったのです。

「コピーをとらなくてはいけないので、コピーをとらせてください」なんて、こじつけの理由以外の何ものでもありません。しかし「急いでいるから」というちゃんとした理由がある場合と、承諾率はほとんど変わらなかったわけです。人は理由の如何にかかわらず、何か理由らしきものがあれば、それだけで説得されやすいものなのです。

ですから、お客さんのところにコーヒーを持って行くときには、「コーヒーとかどうかなと思ったので、持ってきました」と言うだけで、相手は十分に納得してくれます。

さらに「確か〇〇さんは、甘めのコーヒーがお好きだったと思うので、砂糖とクリームをちょっと多めにもらってきました」といったひと言を付け加えると、あなたの好感度は確実にアップすることでしょう。

50 めんどうな人をやりこめる二つの戦略

権威効果を活用して、論理には論理で対抗する

みなさんの周りにも、とにかく理屈っぽくて、論理で相手を打ち負かそうとする人がいると思います。彼らにディスカッションで勝つにはどうしたらいいか。

それは、相手の論理を上回るさらに強力な論理を用いて、徹底的に戦うという方法です。このとき活用したいのが「権威効果」というものです。

これは持論を展開してくる相手に対して、こちらは社会的に高い評価が確定している人物の理論を持ち出して対抗するという方法です。私も本書のなかで、さまざまな心理学者の実験結果や学説を紹介していますが、これも権威効果を利用したものです。

「私はこう思います」と言うよりも、「心理学者の○○は、こういう実験をもとにこんな理論を提唱しています」と言ったほうが、断然説得力があるからです。

権威効果を用いるときには、相手があまり得意ではなさそうな分野の人物を持ってくることが大切です。

たとえばマーケティングにくわしい人に対して、「でも現代マーケティングの大家であるフィリップ・コトラーはこう言っていますよね」なんて反論しようものなら、「いや、コトラーはそういう意味で言ったんじゃないんだよ」と、逆にやり返されてしまうリスクがあります。

そういう相手に対しては、「でも哲学者のウィトゲンシュタインは『論理哲学論考』のなかで」とか「言語学者のソシュールは……」といったように、まったく畑違いの分野の人物を出していくわけです。

ウィトゲンシュタインやソシュールなんて、名前は知っていても、哲学や言語学によほど興味がなければ著書を読んだことはないはずです。権威はありそうだけれども中味はよくわからない人物や学説を出されたとき、人は思考停止に陥ります。こうして相手を論破するわけです。

ただしこのやり方の最大の難点は、自分自身も何らかの分野で相応の知識を持っていることが条件となることです。

感覚で話すと、相手は反論ができなくなる

論理的にこちらを打ち負かそうとする人に対するもう一つの手段は、論理には論理ではなく、感覚で対抗することです。

論理的に主張を組み立てて「だからこうするべきだ」と言ってくる人に対して、「でもかわいくないですよ」とか「何かおもしろくない」「これだったら欲しくないなあ」といった感覚言葉で対応するのです。

「かわいくない」というのは本人の主観的な事実ですから、そう言われてしまったら相手は反論ができなくなります。「かわいくないって、どういうところがかわいくないの？」と聞くしかないでしょう。その瞬間から議論は、理詰め一辺倒から感覚的な話に移っていきます。

論理的に物事を考えて話す人ほど、感覚的な話をするのが苦手な傾向にあります。そこで「論理」という相手の得意分野ではなく、「感覚」や「センス」といった、こちらの得意分野に相手を引き入れて勝負をするのです。男女の関係でも、何かと理屈っぽい男性ほど、女性にこれをやられてしまうと、ころっと負けてしまいます。

51 あなたも罠にはまっている!? コンビニに隠された心理テク

レジ横に一口サイズのチョコレートが置いてある理由

仕事の合間に気分転換にコンビニなどへ買い物に行く人は多いと思います。そして買う気もなかった商品をつい買ってしまうことはよくあることではないでしょうか。こんなときあなたは、まんまと店側の罠にはまっているといえます。

ここではみなさんが上手にコンビニとつきあっていくためにも、「お客さんを買う気にさせるコンビニの心理テクニック」について解説しましょう。

まず注目したいのが、レジ横スペースの陳列商品です。一口サイズのチョコレートやお菓子、アメなどが置かれていますよね。レジに並ぶ前までは買うつもりなんてまったくなかったのに、いざ列に並んであのチョコレートやアメを見た瞬間に、つい手が出てしまうことがあります。実はこれもコンビニの作戦です。

人間にとって、「選ぶ」という行為はけっこう脳を酷使する作業です。人は脳を使えば使うほど血糖値が落ちるため、いろいろ商品を見ながらコンビニのなかを一通り回って、レジに並んだ時点では、血糖値はもっとも下がっています。そんなときにレジ横に置いてある甘いものを目にしたら、つい糖分を補いたくなって衝動買いをしても仕方がありません。

しかも、血糖値の低下とともに判断力も鈍っていますから、「ここは我慢しよう」という理性も働きにくくなります。おそらくチョコレートやアメは、それを見込んであの場所に置かれているのです。

またコンビニの店内は、温度が一定ではないのもうまくできていると思います。人は同じ温度に飽きる生きものです。飽きるとすぐに店の外に出てしまいたくなります。

ところがコンビニの場合は、入ってすぐのところにある雑誌や日用品のコーナーは比較的常温に近い温度ですが、冷凍食品やチルド食品のコーナーは当然温度が下がります。そしてレジ前のおでんや中華まんのコーナーでは、再び温度が上がります。こんなふうに狭いスペースにもかかわらず温度差があるので、お客さんは長く居続けることが苦痛にならないのです。

商品棚の端っこは、商品がいちばん売れやすい場所

コンビニが今どんな商品を売りたがっているかを知りたいなら、商品棚のいちばん端のほうに置いてある商品をチェックするといいと思います。

たとえばお菓子を買う場合、普通お客さんはお菓子コーナーを一通り見て歩きます。けれども見終わったあとに、「やっぱり最初に見た商品が良かったかなあ」と思い返して、わざわざ元の場所に戻ってまでして商品を手に取る人はあまりいません。

今、自分の手の届く範囲で商品を選びがちです。ですから必然的に、商品棚の端にある商品が売れやすくなるのです。

コンビニは、こうした顧客の心理をよくわかっています。だから「これをヒットさせたい！」という商品を端っこに置くようにしているのです。

ちなみにこれは、コンビニというよりはお菓子メーカー側の戦略ですが、お菓子のパッケージは、透明のフィルムを使うことで袋のなかのお菓子が見えるようになっているか、またはそのお菓子の写真が貼り付けられているものです。

人は中身がイメージできないものには手をつけようとしません。心理学の実験で

も、中身が見える透明な袋に入っているお菓子と、中身が見えない袋に入っているお菓子とでは、人は前者のほうを選ぶ傾向があることが明らかになっています。だからお菓子メーカーのパッケージのデザインもそんなふうになっているわけです。

また雑誌コーナーが窓際に置かれている理由については、ご存じの方も多いでしょう。窓際であれば、立ち読みをしているお客さんの姿が外から見えます。人は人が集まっている場所に行きたがるという習性があるため、立ち読みをしているお客さんを通行人に見せることは集客効果があるのです。その一方で、長時間の立ち読みをやめさせる効果もあります。立ち読みをしているお客さんは、自分の姿を外から見られているという意識が生まれるため、自制心が働きやすくなるのです。

こんなふうに私たちは、自分でも気がつかないうちにコンビニの心理テクに操られています。自分の意志で商品を選択して買っているつもりが、その気にさせられて買ってしまっていることも多いのです。

みなさんも「隠れた心理テクニックを探り出す」という視点で、一度コンビニのなかを歩いてみてください。きっと学べることがたくさんあるはずです。

52 詐欺師に騙される心理と、騙されないためのコツ

相手が自分に声をかけてきた「目的」を考える

昔から怪しげな投資話を持ちかけられて、有り金を失ってしまう人の例が後を絶ちません。

読者のみなさんは、「自分はそんなことに騙《だま》されるような人間ではない」と思っているかもしれません。けれども騙された人たちも、「まさか私が」と思っていながらも騙されたはずです。みなさんもけっして例外ではありません。

誰かが自分のところにおいしい話を持ってきたときに、その相手が信用できる人物であるかどうかを簡単に判別できる方法があります。それは相手が自分のところに近づいてくる「目的」を考えることです。つまり「なぜこの人は、わざわざ私に声をかけたのだろうか」と考えてみるのです。

たとえば「ものすごく儲かる投資案件がある」という話を誰かが持ちかけてきたとします。でもそんなに儲かるのであれば、人に話したりなんかせずに、自分で銀行からお金を借りて運用すればいいだけのことです。また個人に融資を求めるのなら、もっと大金持ちの人のところに話を持ちかけたほうが大金も簡単に手に入るし、そのお金持ちに恩を売ることもできます。

そう考えると、本来であれば自分になんか声をかけることはないはずです。それなのに近寄ってくるということは、「これは怪しいな」と警戒したほうがいいわけです。

逆に相手の目的を考えたときに、「それだったら自分に声をかけるのは当然だな」と思える場合であれば、信用してもいいでしょう。

自信がない人と、楽観的な人が騙されやすい

一般に詐欺師に騙されやすいのは、「自分に自信がない人」と「楽観的な人」だと言われています。

自信がない人は、周りからよく見られたいという気持ちが強いために、相手の言葉

になかなか「Ｎｏ」と言えません。また自分の判断にも自信が持てないので、「ほかの人もやっていますよ」という言葉に弱いという傾向があります。

楽観的な人は、事実ではなく願望で物事を判断しがちです。投資を行う際には、「儲かる確率はどれぐらいか」「リスクはどの程度か」「いつやるべきか」といったことを、さまざまなデータをもとに冷静に判断する必要があります。ところが「そうなったらいい。いや、きっとそうなるはずだ」と願望で判断してしまいます。そのため詐欺師に簡単に騙されるのです。

だから楽観的な人ほど、慎重な判断が必要になる場面では、意識的に悲観的になることが大事です。「一見おいしそうにみえる投資案件だけど、本当に大丈夫か。リスクはないのか」と一度徹底的に疑い、事実を分析してから最終的な判断を下すのです。また、普段は楽観的ではない人でも、何かいいことが続いてハッピーな気持ちになっているときには、意志決定は迅速になりますが、判断が甘くなり失敗をしやすくなります。そして思わぬところで思わぬ人に騙されます。

ですから重大な決断は、幸せなときには下してはいけません。脇が甘くなるからです。詐欺師は、気持ちに隙がある人をめざとく見つけて近寄ってきます。

著者紹介
メンタリストDaiGo（めんたりすと だいご）
人の心を読み、操る技術「メンタリズム」を駆使する日本唯一のメンタリスト。企業研修や講演、コンサルティング、ＴＶ番組への出演など幅広いジャンルで活躍。
主な著書に『一瞬でＹＥＳを引き出す心理戦略。』（ダイヤモンド社）、『ポジティブ・チェンジ』（日本文芸社）、『自分を操る超集中力』（かんき出版）、『メンタリストDaiGoの心を強くする300の言葉』（セブン&アイ出版）などがあり、累計発行部数は100万部を超える。

この作品は、2014年10月にＰＨＰ研究所より刊行された『［図解］こっそり人を操る心理法則』を改題し、大幅に加筆・修正したものである。

PHP文庫　ワンコイン心理術
500円で人のこころをつかむ心理学

2016年9月15日　第1版第1刷
2019年12月26日　第1版第12刷

著　者　メンタリストDaiGo
発行者　後藤淳一
発行所　株式会社ＰＨＰ研究所
東京本部　〒135-8137 江東区豊洲5-6-52
PHP文庫出版部　☎03-3520-9617(編集)
普及部　☎03-3520-9630(販売)
京都本部　〒601-8411 京都市南区西九条北ノ内町11
PHP INTERFACE　https://www.php.co.jp/

組　版　朝日メディアインターナショナル株式会社
印刷所　株式会社光邦
製本所　東京美術紙工協業組合

 ISBN978-4-569-76606-5

PHP文庫好評既刊

［新装版］すぐに使える！心理学

恋愛、ビジネスからうつ病までスッキリわかる！

渋谷昌三 著

恋愛、ビジネス、心の悩みは、この一冊でスッキリ解決できます！　自分と他人の心の動きが面白いほどわかるようになる心理学の決定版。

定価　本体六〇〇円（税別）